本书系国家自然科学基金资助项目
"遗传经济学视角下我国城乡居民糖摄入行为
对健康影响与减糖策略优化研究"（72103187）研究成果。

遗传经济学原理

朱晨 著

GENOECONOMICS

中国政法大学出版社

2022·北京

图书在版编目（ＣＩＰ）数据

遗传经济学原理/朱晨著. —北京：中国政法大学出版社，2022.11

ISBN 978-7-5764-0686-3

Ⅰ.①遗… Ⅱ.①朱… Ⅲ.①经济学 Ⅳ.①F0

中国版本图书馆CIP数据核字(2022)第204739号

书　名	遗传经济学原理
	YICHUANJINGJIXUE YUANLI
出版者	中国政法大学出版社
地　址	北京市海淀区西土城路 25 号
邮　箱	fadapress@163.com
网　址	http://www.cuplpress.com (网络实名：中国政法大学出版社)
电　话	010-58908466(第七编辑部) 010-58908334(邮购部)
承　印	北京鑫海金澳胶印有限公司
开　本	720mm×960mm　1/16
印　张	17
字　数	250 千字
版　次	2022 年 11 月第 1 版
印　次	2022 年 11 月第 1 次印刷
定　价	68.00 元

目　录

第 1 章

遗传经济学导论:经济行为决策的生物学基础

1.1 引言

人类行为究竟受什么影响和支配，其中的决策机制是什么？自古至今，一直是国内外不同领域研究者关注的永恒主题。为了回答这个问题，经济学家们作出了令人瞩目的贡献，也可以说"经济学就是研究人类行为选择和决策的科学"（Robbins，1932）。

自亚当·斯密创立现代经济学后的100多年里，经济学家们发现，性格、情绪等因素对个人经济行为具有决定性影响。自此这种行为决策机制成为分析经济问题的基本框架，开启了古典经济学时代。然而，20世纪初新古典经济学的兴起，摒弃了古典经济学中性格、情绪等个体因素影响经济行为决策的分析框架，把研究建立在"理性经济人"假设之上，并侧重于运用数理模型来描述和预测人们如何进行选择与行为决策。但是，新古典经济学理论很快引发了大量争议。20世纪50年代以后，经济学家们开始尝试从其他学科中寻求对于经济行为决策的新理解，以期能提高经济学研究的符实性与解释力。他们修正了新古典经济学中的"理性人"假设，并通过一系列实验表明个体的行为决策存在"对理性行为的系统性偏离"，行为经济学和神经经济学也由此产生。尽管这些新兴经济学都在不同程度上弥补了新古典经济学的理论缺陷，但在理论和技术层面仍存在不足，特别是对于经济学研究对象（即决策人）的定义和测度的精确程度还远远不及物理学、生物学、化学等现代自然科学。因此，它们仍然不能清晰地阐明经济行为决策的根本机制究竟是什么。同时，神经经济学的发展虽然已大大增强了经济学家们对于个体和社会决策的生理学认识，但由于大脑神经元活动仍属于内表型（Endophenotype）层面，因而这种认识还只是停留在个体行为决策因果关系链条中的一个中间环节（如图1-1所示）——尚未触及大脑活动关联基因（如激素和蛋白质调控基因）的本质作用，对于环境或基因—环境因素的系统性讨论也较为缺乏。

目前学界普遍认为，任何生物体的特征、行为和决策都受到基因、环境、基因—环境的多重影响。环境的改变已被证实能够影响（例如激活或抑制）特定基因的表达和功效，这也是为什么即使基因型完全相同的两个人（例如同卵双胞胎）仍会拥有不同的社会经济特征和行为。而这正是遗传经济学将要进一步阐明的方向，即在基因层面寻找人类行为决策的"终极决定因素"。

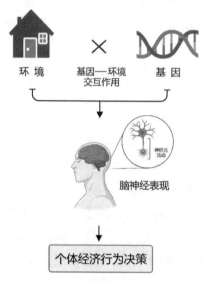

图 1-1　个体行为决策因果关系链

在此背景下，遗传经济学（Genoeconomics）应运而生。遗传经济学是在传统经济学原理的基础之上，结合现代遗传学、行为遗传学等科学理论，运用遗传学方法和研究手段分析人类基因数据库，对社会经济现象和人类社会经济行为内在决定机制展开深入研究，以期能够在后天环境因素以外，从基因功能与遗传机制的角度揭示人类社会经济行为发生与差异化发展的又一动因，从而最终形成能够更好解释和预测人类社会经济行为特征的理论和方法的一门交叉学科（Benjamin 等，2007，2012；Beauchamp 等，2011）。遗传经济学科创立 10 余年以来，相关研究发表在《经济展望杂志》（*Journal of Economic Perspectives*）、《经济学年评》（*Annual Review of*

Economics)、《美国经济评论》(*American Economic Review*)、《政治经济学杂志》(*Journal of Political Economy*) 等经济学权威期刊，同时还频繁发表于《自然》(*Nature*)、《科学》(*Science*)、《美国国家科学院院刊》(*Proceedings of the National Acadamy of Sciences*, *PNAS*) 等顶尖综合类科学期刊上。与此同时，遗传经济学已经呈现出了这个学科所具有的独特性，吸引了越来越多的研究者参与。美国已于 2011 年成立了社会科学遗传学联合学会 (Social Science Genome Association Consortium，SSGAC)，学会包含了来自经济学、社会学、心理学、流行病学、遗传学等多学科的研究人员，其宗旨是提供一个跨学科协作和思想融合的平台以促进对人类社会经济行为的遗传学研究，而遗传经济学是其最重要的研究领域之一；美国南加州大学 (University of Southern California) 组建了行为和健康基因组学中心 (Behavioral and Health Genomics Center)；荷兰阿姆斯特丹自由大学 (Vrije Universiteit Amsterdam) 的复杂性状遗传实验室 (Complex Trait Genetics Lab) 成立了专门的遗传经济学研究组；2017 年夏天，久负盛名的拉塞尔·塞奇基金会 (Russell Sage Foundation，RSF)，在美国加州圣巴巴拉出资举办了为期两周的遗传经济学研讨班，推动了学界对于遗传经济学的认识和理解。总体而言，遗传经济学通过从分子水平上探索经济行为的根本决定机制，推动经济学对人类行为的研究进入了一个崭新时代。

同时，由于遗传基因数据是名副其实的"大数据"，这也从数据科学的角度给遗传经济学研究提供了新的科学方法论。大数据一般是指使用传统手段难于处理的大规模数据集合；除了数据量巨大，还具有类型复杂多变等特点。在遗传经济学数据中，如果按照 DNA 脱氧核糖核酸碱基对为单位，则每个样本会包含多达 30 亿个变量；如果按照单核苷酸多态性来计算，每个样本也会包含数百万个变量。因此，遗传经济学研究的发展将有望进一步提高经济学研究的科学性、全面性和有效性。

遗传经济学在学术理论上的重要性不言而喻，但当前仍然缺乏关于中国问题的研究或由中国国内学者主导的研究。这与中国作为世界第二大经济体和拥有众多经济领域研究者的现状不匹配，也在很大程度上限制了中国社会科学研究的国际影响力，亟须引起中国经济学界的高度重视。这主要有三个原因：第一，遗传经济学作为一个新兴学科，目前在国际上也只有少数发达国家的研究者参与其中，其传播速度与传播路径都十分有限，中国作为发展中国家很难在短期内成为重要的参与者。第二，遗传经济学的跨学科特征较为明显，研究门槛相对较高，经济学家通常需要进行一定的知识积累才能够理解并熟练运用遗传基因数据。第三，开展遗传经济学研究的基本条件之一是拥有一定数量的、基于个体经济行为的基因数据库资源，而中国经济学界目前仍然缺乏这样的环境和条件。有鉴于此，笔者将依托在该领域的理论和实践积累，从学科演变的角度，说明遗传经济学的理论基础及其核心方法。

1.2 遗传经济学的产生

遗传经济学的产生与两个学科息息相关：新古典经济学与行为遗传学。正是在两个学科的共同作用之下，将经济学家们对个体行为决策机制的研究推进到了"基因时代"。

1.2.1 新古典经济学的发展

经济学家不再局限于"理性"假设，而是逐渐认识到人类"生理"机制的重要性；行为经济学和神经经济学的兴起也预示着经济学研究正向"分子"层面转化（叶航等，2007；徐晨，2007）。始于19世纪末的新古典主义经济学无疑是当代最具广泛影响力的经济理论体系。以马歇尔1890年出版的《经济学原理》为创立标志，新古典经济学继承了古典主义经济学（Classical Economics）的基本观点，但同时摒弃了古典经济学中性格、情绪等个体因素影响经济行为决策的分析框架。新古典经济学建立在"理性经济人"核心假设和逻辑演绎方法论之上，其基本观点是具有自利性、完全理性和一致性偏好的决策者，可以在特定约束条件下获得效用最大化。20世纪30年代，以萨缪尔森（Samuelson）为代表的经济学家们提出了重要的显示性偏好理论（Revealed Preference Theory），以及一整套优美的数学框架，用于描述和预测人们如何进行选择和决策。数学模型的引人，使得经济学家们可以无视个体在做选择时的心理过程，从而抑制了人们对于偏好产生本质的进一步关注。例如芝加哥学派代表人物米尔顿·弗里德曼（Milton Friedman）在其著作中就曾断言，个体偏好不仅是不可观测的，而且与经济理论的有效性无关（Friedman，1953）。换句话说，这一时期的新古典经济学从逻辑和数学上确立了理性选择模型的核心地位，但忽略和排斥性格、情绪等"非理性"因素对于个体行为决策所产生的影响。

不过，新古典经济学理论很快引发了大量争议，这些争议主要集中在"理性人"以及关于决策人具有自利性和一致性偏好的假定上。如历史上著名的"Allais 悖论"和"Ellsberg 悖论"都表明，基于新古典经济学中基本偏好公理所推导出的预测结果存在系统性偏误，可能并不具备普世应用意义。因此，新古典经济学虽然拥有一套严密而精美的数学体系，但由于其中的决策者偏好被高度抽象和简化，使得这一理论难以直接解释许多现实中的经济学问题。同时，因为缺乏对其逻辑体系前提（如"理性人""自利""完全信息"等假设）进行的严格可重复性实证检验，这一时期的经济学也很难称得上是一门真正意义上的科学。

20 世纪 50 年代以后，经济学家们开始尝试从包括心理学在内的其他学科中寻求对于经济行为决策的新理解，以期提高经济学研究的符实性与解释力。美国政治经济学家赫伯特·西蒙（Herbert Simon）基于经济学、管理学、认知心理学等学科提出了"有限理性"（Bounded Rationality）理论，认为个体经济行为决策会受到外界环境与自身能力的约束，且具有不确定性。西蒙的先驱性理论不但修正了新古典经济学中的"理性人"假设，而且使得大量经济学家从中获得思想灵感，开始运用心理学实验等手段研究个体行为决策，对此后的经济学发展产生了广泛而深远的影响。

20 年代 70 年代末，丹尼尔·卡尼曼（Daniel Kahneman）和阿莫斯·特沃斯基（Amos Trersky）等人通过一系列著名实验表明，个体的行为决策存在"对理性行为的系统性偏离"（Systematic Deviations from Rationality），行为经济学由此逐渐融入主流经济学的研究范畴。行为经济学家们认为，若想要理解行为决策的发生，就必须深入分析决策基础之上的认知过程，了解人们如何通过构建心理模型并经过分析，以做出特定决策。行为经济学所引入的大量心理学实验为新古典范式中高度抽象化的偏好结构赋予了更多自然科学基础，有效提升了经典经济理论对现实问题的解释力与预测力。

如果说新古典经济学忽略了人类"非理性"因素（如性格、偏好等）在决策过程中的作用，那么行为经济学不仅认识到了人类"非理性"因素的重要作用，并且尝试系统性地研究个体行为决策背后的心理认知机制。而源自行为经济学与实验经济学的神经经济学，也为打开人类"非理性"因素的"黑箱"提供了技术上的实现手段，首次从人类大脑神经元活动的角度研究了行为决策产生的过程机制。神经经济学运用神经生物学和认知神经科学的前沿技术手段，实时观测个体情绪和情感的差异性存在，并对其进行量化，发现行为决策通常是大脑皮层与情绪脑区共同竞争和博弈的结果，为"有限理性"理论提供了强有力的生理学证据。

可以说，以行为经济学和神经经济学为代表的新兴经济学分支对新古典经济学进行了有效修正，但在理论和技术层面仍存在不足。特别是对于经济学研究对象（即决策人）的定义和测度程度还远不及物理学、生物学、化学等现代自然科学那样客观、精确。

1.2.2 行为遗传学的发展

行为遗传学产生于20世纪60年代，其研究的核心要义是将遗传禀赋作为一个整体，据此解释人类个体层面上行为和特征的差异，涉及遗传学、心理学、行为学和医学等一系列学科的交叉学科（Benjamin 等，2012）。行为遗传学家们用一系列证据证明了父母基因对于子女性格、认知能力、经济行为和偏好的影响，其中最著名的研究方法当属"双胞胎研究"（Twin Study，包含同卵和异卵双胞胎）和"收养研究"（Adoption Study）。

双胞胎研究的实质是对同卵双胞胎（Monozygotic，MZ）和异卵双胞胎（Dizygotic，DZ）进行比较研究。其中，同卵双胞胎是由一个受精卵发育而成，基因100%相同；而异卵双胞胎是由不同受精卵发育而成，基因差异与亲兄弟姐妹一致。因此与异卵双胞胎相比，如果同卵双胞胎表现出更为相似的学业成就、收入、风险偏好等行为特征，那么研究者就可以依此将环境因素剔除，认定基因能够决定这些行为特征。

行为遗传学控制先天基因和后天环境因素的研究手段，自 20 世纪 70 年代开始逐渐被经济学家们所掌握，并大量应用于经济学研究中。最早引入遗传基因概念的经济学研究可追溯至 1976 年，宾夕法尼亚大学经济学教授保罗·陶布曼（Paul Taubman）在《美国经济评论》上发表了关于同卵和异卵双胞胎收入的研究（Taubman，1976）。陶布曼将工资差异分解为遗传禀赋、双胞胎共同环境和个人环境三个部分，发现收入的 18% ~ 41% 由遗传因素决定。此后，Ashenfelter 和 Krueger（1994）等又陆续利用双胞胎数据测算了教育成就代际遗传性以及教育回报率等问题；Cesarini 等（2009a）通过双胞胎研究发现了个体风险和奉献偏好的继承性；我国学者也利用双胞胎数据估算了我国教育、党员身份等因素的回报率，如李宏斌和张俊森等（Li 等，2007；Li 等，2010）、孙志军（2014）等。这些文章均在国内外学术界引发不小反响，但受限于早期行为遗传学研究本身并不直接包含个体遗传基因信息，这些结果对遗传影响的认识仍然非常有限。

1.2.3 遗传经济学的诞生

新古典经济学、行为经济学、神经经济学以及行为遗传学的发展，为遗传经济学的诞生奠定了学科融合的基础。自 2001 年人类基因组计划完成以来，基因测序成本持续降低，个体基因数据的获得成为可能，并具有越来越强的实际可操作性。同时，互联网、信息化以及区块链技术的协同发展不断降低基因数据获取的技术门槛和成本，这一切都催生着“基因大数据”时代的到来。

例如，个人全基因组的基因测序成本从 2001 年的近 1 亿美元降低到 2017 年的 1120 美元，并且耗时大大缩短，推动了基因检测技术和遗传数据在其他领域中的应用。与此同时，美国、英国、冰岛等国家已逐步开始在大型社会经济调查中纳入遗传物标记检验，即基因数据的采集。这些项目不但收集了被访者的社会经济背景信息，还包括了每个个体成百上千的遗传标记（Genetic Marker）信息，为跨学科研究奠定基础。

基于此，研究者们开始考虑从分子遗传层面上研究人类的行为与特征，弄清它们究竟受何种基因控制，而不再是将遗传因素只看成一个整体因素进行考虑。与此同时，越来越多的经济行为和特征被证实具有遗传性。例如 Wallace 等（2007）和 Cesarini 等（2009a，2009b）研究发现，包括风险承受和过度自信在内的经济偏好遗传性可达 20%~30%；Barnea 等（2010）和 Cesarini 等（2010）发现不同金融决策的继承度在 25%~60% 的范围内。正是在这一系列研究的汇聚下，遗传经济学渐渐发展为一个独立的交叉学科。

2007 年，康奈尔大学经济学家丹尼尔·本杰明（Daniel Benjamin）、哈佛大学经济学家爱德华·格莱泽、冰岛大学心血管遗传学家威尔门德·古德纳森、联合学院心理学家克里斯托弗·查布里斯等学者撰文首次提出"遗传经济学"这一概念（Benjamin 等，2007），标志着遗传经济学的创立。与行为遗传学相比，遗传经济学直接将分子遗传和基因数据纳入研究范式中，更侧重分析个体的经济行为和特征，有效降低了之前遗传因素测量误差所引起的结果偏误（Benjamin 等，2012）。2011 年，哈佛大学经济系乔纳森·比彻姆等人在《经济学展望杂志》上发表了题为"分子遗传学与经济学"的综述性文章，介绍了遗传经济学的最新研究成果和进展（Beauchamp 等，2011）。2012 年《自然》杂志撰文关注了遗传经济学的发展（Callaway，2012）。2017 年《哈佛商业评论》（*Harvard Business Review*）发表了关于遗传经济学的评论性文章（Beard，2017），使得这一新兴领域更多地走入公众视野。2018 年，《自然》杂志的最新综述性文章系统讨论了基因数据将如何更好地帮助包括经济学家在内的社会和行为科学工作者们进行因果推断，再次肯定了遗传经济学在未来学科发展和融合过程中的重要作用（Pingault 等，2018）。

1.3 遗传经济学研究现状

遗传经济学历经十余年发展已获得了一系列令人鼓舞的成果。当前，遗传经济学研究主要涵盖了三个方面的内容：第一，对与个体经济行为特征相关的基因进行测度和定位，主要采用的方法为全基因组关联分析（Genome-Wide Association Study，GWAS）；第二，将基因变量直接作为自变量或因变量融入实证模型中，或构建交叉项检验基因×环境交互效应等；第三，将基因变量作为工具变量以识别因果效应，主要采用的方法为孟德尔随机化法（Mendelian Randomization，MR）。

由此可见，遗传经济学研究的一大目的就是从分子层面上探究人类的经济行为和特征究竟受何种基因控制。那么对于研究者而言，选择何种特定经济行为或特征作为主要研究对象就成了首要问题，因为这几乎直接决定了研究的成功与否。根据基因型（Genotype）与表现型（Phenotype）在人体中的因果关系链，我们可以将经济行为和特征分为近基因性状（Proximal Traits）和远基因性状（Distal Traits）。简单而言，近基因性状在人体内受基因调控的作用路径更短、更直接，比如个人性格中的好斗性、冲动性、亲社会性等。而远基因性状受基因调控的作用路径更长，且更易受外界环境的影响；大量复杂的经济行为和特征很可能都属于此类性状，如个体的受教育程度、收入水平、职业选择、消费偏好等。

时至今日，遗传经济学领域的学者们已经明确了与亲社会性（Kogan等，2011）、冲动性（Eisenberg等，2007）等近基因性状，以及与学业成就（Rietveld等，2013；Okbay等，2016a；Lee等，2018；Okbay等，2022）、收入（Hill等，2019）、领导力（Song等，2022）、风险偏好（Linnér等，2019）、延迟折扣（Sanchez-Roige等，2018）、主观幸福感（Okbay等，2016b）、生育意愿（Barban等，2016）等远基因性状密切相关的遗传基因。本杰明等（2012）通过对相关问题的深入研究提出：近基因性状可能同时受少数几个基因调控，每个基因都对表现型有较大影响；远基因性状很可能同时受大量基因调控，而每个基因的影响都非常微小。

与传统经济学中通过对某一经济行为或特征的代际研究推断出的"遗传性"或"继承性"不同，遗传经济学研究的重要价值在于它不是在逻辑上而是在经验上提供了分子遗传学证据，这是对经济学研究范式的重大革新。同时，经济学家们也已开始将基因变量作为自变量、因变量或工具变量直接融入经典经济学分析框架中，如 Barth 等（2020）、Papageorge 和 Thom（2020）、Shin 等（2019）、Böckerman 等（2017）、Willage（2018）、Zhu 等（2020）、Zhu 等（2021）等。表 1-1 详细列出了 2007—2020 年之间遗传经济学领域的主要文献以供读者参考。

表 1-1　遗传经济学领域的主要文献（2007—2022 年）

作者/年份	主要研究内容	样本量
Benjamin 等，2007	综述性文章，首次提出"遗传经济学"这一概念	–
Beauchamp 等，2011	综述性文章，介绍遗传基因数据在经济学研究中的应用	–
Benjamin 等，2012	综述性文章，介绍遗传基因数据在经济学研究中的应用	–
Daviet 等，2022	综述性文章，介绍遗传基因数据在营销学研究中的应用	–
（I）对与个体经济行为特征相关的基因进行测度和定位		
Eisenberg 等，2007	冲动性基因	195
Kogan 等，2011	亲社会性基因	116
Quaye 等，2012	创业基因	3 933
Rietveld 等，2013	教育成就基因	126 559
Barban 等，2016	生育意愿基因	343 072
Okbay 等，2016a	教育成就基因	293 723
Okbay 等，2016b	主观幸福感基因	298 420
Lee 等，2018	教育成就基因	1 100 000
Okbay 等，2022	教育成就基因	3 000 000
Linnér 等，2019	风险偏好基因	939 908
Sanchez-Roige 等，2018	延迟折扣基因	23 217
Hill 等，2019	收入基因	286 301

续表

作者/年份	主要研究内容	样本量
Song 等，2022	领导力基因	248 640
（II）将基因变量作为自变量或因变量		
Knaf 等，2008	考察精氨酸加压素受体（$AVPR1a$）基因是否会影响人类的利他行为	203
Krueger 等，2012	考察催产素受体（$OXTR$）基因是否会影响人类的亲社会行为	106
Ashraf 和 Galor，2013	将不同人群的基因多样性数据作为自变量考察其对区域经济发展的作用	145
Zhu 等，2018	将父母亲所属人群的基因距离作为自变量考察其对子女学业成就和身高的影响	85 972
Belsky 等，2018	将父母和子女的教育成就多基因评分用于估算代际流动程度	20 000
Rimfeld 等，2018	将基因数据作为自变量考察苏联解体是否导致遗传基因对个体教育成就、职业等社会经济特征的影响发生改变	12 500
Shin 等，2019	利用 HRS 数据中的阿尔茨海默症多基因风险评分变量考察阿尔茨海默症患病风险与个人投资理财行为之间的关系	8787
Barth 等，2020	利用 HRS 数据中的收入多基因评分变量考察基因是否会在个人层面上对财富的积累和代际传递造成影响	5701
Papageorge 和 Thom，2020	利用 HRS 数据中的多基因评分变量检验其是否与幼年期成长环境之间存在基因-环境交互作用并影响个体成年后的社会经济地位	8537

续表

作者/年份	主要研究内容	样本量
Zhu 等，2021	将多种基因变量作为因变量，考察水稻种植历史是否形成选择压力影响人类进化	4101
（III）将基因变量作为工具变量		
Norton 和 Han，2008	将 *DRD4* 等基因变量作为工具变量考察肥胖对于劳动力市场表现的影响	1483
Ding 等，2009	将 *DRD2* 等基因变量作为工具变量考察较差健康状况对教育成就的影响	893
Scholder 等，2013	将 *HMGA2* 等与身高相关的基因变量作为工具变量考察身高对于儿童人力资本表现的影响	3900
Böckerman 等，2017	将身高多基因评分变量作为工具变量考察身高对于劳动力市场表现的影响	1982
Willage，2018	将 BMI 多基因评分变量作为工具变量考察 BMI 对于心理健康状况的影响	5486
Wang 等，2020	将身高多基因评分变量作为工具变量考察身高对于中国劳动力市场表现的影响	3427
Zhu 等，2020	将 *ALDH2* 等基因变量作为工具变量考察饮酒行为对于中国农村居民心理健康的影响	476

　　通过对遗传经济学发展至今的文献回顾，可以看出该交叉学科的学术价值主要体现在如下四个方面：第一，如果说行为经济学是经典经济学由理性领域向非理性领域的延伸，那么遗传经济学则是经济学由精神世界向物质世界的进一步拓展。第二，遗传经济学可以帮助经济学家更好地识别

或分离出社会经济环境因素与先天禀赋因素等对个体的影响。长久以来，由遗传基因所带来的个体固有差异在经济学研究中往往被归为不可控因素。而随着个体基因测序数据获得难度的降低，实证经济学家们将能够更好地在模型中把遗传因素作为因变量进行控制，从而减少遗漏偏差造成的负面影响。同时个体的遗传数据将有助于我们理解令人困扰的各种政策的差异性影响，为个体的异质性社会经济行为特征提供新的解释。例如，科学发展过程中对于个体的行为和特征究竟是"先天生成"还是"后天培养"的长期讨论（Nature vs. Nurture），通过引入分子遗传信息，经济学家们将能够分离并量化基因和社会经济环境对行为决策的各自作用。第三，遗传标记数据可以作为工具变量帮助经济学家进行因果识别。根据孟德尔遗传规律，父母的每一对等位基因在分配给子代时都是随机的，这就保证了个体基因型的形成不受后天环境因素的影响，可被视作天然的候选工具变量。第四，遗传经济学的研究成果有可能"反哺"遗传学。由于"基因—环境"交互作用（Gene-Environment Interaction）的存在，遗传学领域的研究者们同样面临着"基因—表型"影响机制难以识别的问题。而长久以来，经济学家们已经建立了一套识别和评估因果效应的强大方法库。若与遗传数据相结合，将有助于识别经济行为的内在生物学作用机理，对当前遗传学界有关基因—环境交互影响机制的认识作出贡献。例如 Demange 等（2021）发表在《自然》杂志子刊《自然·遗传》（*Nature Genetics*）上的最新研究就受到计量经济学分析中常用的潜变量模型（Latent Variable Model）的启发，利用结构方程模型成功识别和确定了 157 个与非认知能力密切相关的基因位点，成为经济学研究"跨界"助力自然科学研究的又一有力证据。

1.4　遗传经济学研究方法简述

1.4.1 GWAS

遗传经济学的一项重要任务是对与个体经济行为特征相关的基因进行测度和定位。这一过程中需要用到的一个重要遗传标记是单核苷酸多态性

（Single Nucleotide Polymorphism，SNP）分子标记。SNP 是 DNA 序列上发生的单个核苷酸在不同人之间的变异。据最新估算，人体基因组中大约含有 1000 万个 SNP 位点，平均每 300 个核苷酸出现一个[1]，而一个基因中可以包含数以百计的 SNP 位点。SNP 标记在遗传经济学研究中的重要作用在于，它不但可以作为回归分析中的自变量被用于在人体基因组中定位与经济行为特征相关的基因，还能够定性/定量地预测个体行为特征表现上的差异。而如何利用 SNP 标记测度和定位个体经济行为，则需要使用 GWAS 方法。

GWAS 是目前最流行的复杂性状遗传解析方法之一。其原理是在人类全基因组范围内找出存在的序列变异，从而筛选出与表型性状相关的基因位点。GWAS 的一大特点是在研究之前不需要设定任何假设，可以直接研究全基因组水平的遗传变异。自 2005 年首次应用以来，GWAS 已帮助人们发现并鉴定了大量与复杂性状相关联的遗传变异（Hirschhorn 和 Daly，2005）。这也是当前遗传经济学分析中的基本方法。我们将在第 4 章对 GWAS 进行详细介绍。

1.4.2 孟德尔随机化法

如前所述，个人层面基因数据的一个特别之处就在于，每个人的基因在形成时都是一个近似随机的过程，并且在个体出生前就已经决定；基因本身不会在出生后受到外在环境因素的影响而改变（Smith 和 Ebrahim，2004）。这一重要特性赋予了经济学家进行因果推断的一个新思路——孟德尔随机化法。根据孟德尔遗传定律，父母的遗传信息（即 DNA）在形成生殖细胞并传给子女时会随机进行分配；因此，假如某一个体特征（如身高、BMI、饮酒行为、吸烟行为、糖尿病、阿尔茨海默症等）由一个或一组特定基因决定，那么子女是否携带这些相关基因就可以被看作是一种天然的随机化过程。这一天然随机化过程与随机对照试验（Randomized Controlled Trial，RCT）的精髓十分相似，孟德尔随机化法正是巧妙地运用了遗

---

[1] 这也可以理解为人类个体间基因相似度为 $\left(1-\dfrac{1}{300}\right) \times 100\% \approx 99.67\%$。

传基因的这一特质来剔除不可观测混杂因子（Confounding Factors）的影响并进行因果推断，且具有不违反人类医学伦理规范、处理程度或遗传变异程度能够被精确测量等多重优势（Hingorani 和 Humphries，2005）。

在实际应用中，研究人员通常采用工具变量回归法（Instrumental Variable Regression）或两阶段最小二乘法（Two-Stage Least Squares Regression，2SLS）来得到孟德尔随机化的结果。例如 Böckerman 等（2017）基于 180 个身高相关 SNP 位点构建出身高多基因评分，并以此为工具变量检验芬兰劳动力市场中身高对于报酬收入的因果效应。Willage（2018）利用美国青少年纵向追踪调查（National Longitudinal Study of Adolescent to Adult Health，Add Health）所公布的 BMI 多基因评分作为工具变量，考察了身材胖瘦对于个体心理健康的因果性影响。Wang 等（2020）通过构建身高多基因评分深入分析了中国劳动力市场中存在的"身高溢价"现象的本质，这也是我国第一篇采用孟德尔随机化法的遗传经济学研究。值得注意的是，为了保证孟德尔随机化法结果的可靠性与稳健性，实际研究过程中往往需要对基因工具变量的有效性（Validity）进行一一检验，例如需排除可能存在的基因多效性（Pleiotropy）等问题，以确保工具变量相关性、独立性和排他性约束的成立（Willage，2018；Zhu 等，2020）。笔者将在第六章对孟德尔随机化法进行详细介绍。

1.4.3 基因变量作为自变量或因变量

除以上介绍的两种研究方法外，基因变量还可以作为自变量或因变量直接融入计量经济学分析模型当中。如前所述，由于每个人的基因是在出生之前就已经决定的，不会受到外在或后天社会经济环境因素的影响，这就使得回归模型中的基因自变量本身不会存在令人困扰的内生性问题。一方面，与双胞胎研究或收养研究中将遗传因素视为潜变量所不同，基因自变量的直接纳入将能够使模型"干净"地分离出先天禀赋因素对于所考察因变量的影响，使得识别和检验遗传因素的单独影响成为可能。另一方面，如果研究问题本身更关注的是后天因素对于因变量的影响，则研究人员可以通过将基因自变量视为与性别、年龄等人口学变量类似的控制变量，更好地识别和聚焦于成长环境、政策变化等后天因素对于因变量的影响。例如，Barth 等（2020）发表于《政治经济学杂志》的论文中，作者利用美国健康与养老调查（Health and Retirement Study，HRS）数据库中包含的被访人收入、教育程度、家庭资产、受教育程度多基因评分等变量，采用线性概率模型等方法发现遗传禀赋会在个人层面上对财富积累和代际传递造成影响。随着越来越多的大型社会经济调查数据库开始收集并在保护隐私的基础上向研究人员提供基因变量，这一领域的遗传经济学研究也在不断涌现中。

1.5　展望

随着人类在后基因组时代探索的深入以及获取个体基因数据成本的日益降低，与人类行为相关的遗传学研究越来越多地引起各国政府和学者的重视。"利他"基因、"创业"基因、"高学历"基因、"高收入"基因、"金融风险行为"基因等的陆续发现都在社会上引起广泛而热烈的讨论，并具备了广阔的应用前景（Benjamin 等，2012）。

我国学者已利用行为遗传学方法（例如双胞胎实验）对教育回报率等问题进行了较为详尽的经济学探讨（Li 等，2007；Li 等，2010；孙志军，2014）。Zhu 等（2018）以不同人群的基因距离作为个体基因差异的代理变量，检验了来自不同省份的夫妻所产生的后代是否会在教育成就或身高方面更具优势。在个人基因数据应用层面，Wang 等（2020）与 Zhu 等（2020）最早开始利用孟德尔随机化的"新方法"考察劳动经济学与健康经济学领域的"老问题"。与此同时，我国生命科学与技术产业正蓬勃发展，在塑造未来经济社会发展格局中扮演着日趋重要的角色。一方面，我国直接面向消费者基因检测（Direct-to-Consumer Genetic Testing，DTC-GT）市场发展势头良好，微基因、23 魔方等公司的累计消费者数量已超过千万人，需求价格弹性据估计为-0.72，发展前景广阔（Zhu，2022）。另一方面，我国于 2016 年 9 月建成了中国国家基因库（China National GeneBank，CNGB），标志着基因数据和信息已成为国家未来发展的重要战略资源。同时，截至 2022 年，由北京大学、中国医学科学院与英国牛津大学联合建设的中国嘉道理生物银行（China Kadoorie Biobank，CKB）项目样本量已超过 50 万人，为我国遗传经济学的发展提供了前所未有的机遇，亟待感兴趣的经济学研究者进行研究与探索。

值得特别指出的是，我们也应当清楚地认识到遗传经济学研究的潜在风险。遗传学家们在多年前就开始担忧"基因歧视"的问题。[1]基因歧视指的是随着科学技术的发展，人们有可能从遗传学角度出发，对那些携带"不利基因"或"缺陷基因"的个人在升学、就业、婚姻等社会活动中产生"歧视"，损害社会的公平性。这就需要政策制定者们在大量廉价遗传数据井喷式涌现之前，制定出最大化社会福利的新政策，平衡对个人遗传信息隐私保护与政府及研究机构的科研需要之间的矛盾，并从整体上保持社会的公平、公正。

正如 2001 年人类基因组图谱的绘制完成只是作为人类认识自身生命的起点相类似[2]，通过遗传经济学确定某一经济行为或特征的遗传性绝不代表研究的结束；相反，这意味着对于"基因—社会经济表现"更深层次作用机制研究的开始。经济学家们应将自然科学的最新研究成果融入到经济学研究中，促进人类对于个体社会经济行为的理解和认识——毕竟在所有学科当中，没有任何一个学科的学者们比经济学家更了解人类自身的社会经济行为和决策。

中国古代哲学强调"天人合一"，认为自然与社会，无论是在内部构成还是运行规律上都具有相通性、合一性。中国古代思想家提出，学术研究的任务之一，在于"究天人之际"[3]，即探讨自然与社会、天道与人道之间的关系。遗传经济学注重分析人类经济行为的遗传生物学基础与内在

---

〔1〕　美国 1997 年的影片《GATTACA》（《千钧一发》）以极度崇尚"基因决定论"的未来世界为背景，讲述了一个自然出生但有着某种"基因缺陷"男主角的故事。影片名"GATTACA"也正是 DNA 组成成分中四种碱基的缩写（A-腺嘌呤、C-胞嘧啶、G-鸟嘌呤、T-胸腺嘧啶）。

〔2〕　当 20 世纪 90 年代人类基因组项目启动之初，许多观点认为人类基因组图谱绘制完成将使得大部分人类疾病诊断、预防和治疗难题迎刃而解。然而此后近 20 年间的事实表明，生命系统的复杂性远超想象，图谱的绘就仅仅是人类认识自身生命和维护健康的第一步。

〔3〕　见司马迁《报任安书》。

动因，既适应了当代世界经济发展、科学进步的理论需求，也与中国古代"天人合一"理论以及"究天人之际"学术任务相契合。因此，遗传经济学的建设，也是丰富和壮大中国特色哲学社会科学体系的重要内容。

第 2 章

DNA、染色体、基因与
孟德尔遗传定律

2.1 DNA、染色体和基因

　　DNA 即脱氧核糖核酸，英文全称为 deoxyribonucleic acid，是我们身体细胞内最为重要的遗传物质，决定着我们的遗传本性，并提供构建有机体所必须的信息。DNA 的两条长链由核苷酸组成，相互盘绕形成双螺旋形。这一经典的双螺旋结构于 1953 年由詹姆斯·沃森（James Watson）和弗朗西斯·克里克（Francis Crick）在罗莎琳德·富兰克林（Rosalind Franklin）DNA 晶体 X 射线衍射照片的启发下提出。DNA 包含的遗传指令和信息能够告诉每个细胞该在什么时刻制造哪些蛋白质。

　　染色体（chromosome）是一条单分子的 DNA。它由核酸和蛋白质组成，存在于细胞核内，以基因的形式携带遗传信息。如图 2-1 所示，染色体是我们理解遗传学的核心。正常情况下，人类的染色体是两条作为一对，共有 23 对染色体（即 46 条染色体），包含 22 对常染色体（autosomal chromosomes）和一对性染色体（sex chromosomes）。常染色体与性别决定无关。女性的性染色体为两条 X 染色体（即 XX），男性为一条 X 和一条 Y 染色体（即 XY）。人类的每对染色体都是从生物学父亲和母亲那里分别继承而来，每个体细胞都含有 23 对这样的染色体，因此我们的二倍体（diploid）数目是 46（2n），而单倍体（haploid）数目是 23（n）。遗传物质通过染色体的形式从父母传递给子女，这保持了我们作为一个物种的稳定性和连续性。

　　基因（Gene）是染色体上的一段 DNA，是遗传的基本物理单位，由特定染色体上特定位置的特定核苷酸序列组成，进而为特定的蛋白质（或 RNA 分子）编码。基因是一个 DNA 片段，能够告诉细胞如何制造某种蛋白质。据估计，人类有 20 000 至 25 000 个基因。基因在染色体上呈线性排列，每一条染色体都包含许多基因。每个基因位于染色体的特定位点上，这样的位点被称为基因座（locus）。同一个基因可能存在多种可变形式，被称为等位基因（allele）。我们也可以将等位基因的概念理解为同一个基因座上发现的不同形式。

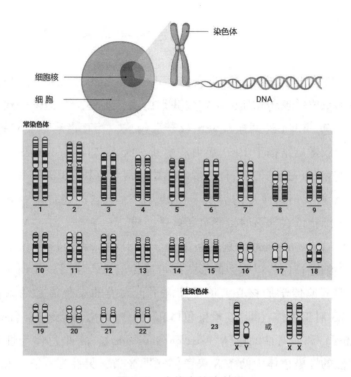

图 2-1　人体内的染色体

　　基因组（Genome）是一个生物体的全套遗传物质。在人类中，基因组由 23 对染色体组成。每套 23 条染色体包含大约 31 亿个 DNA 碱基（Bases）。碱基对（Base Pairs，bp）是组成 DNA 的重要化学结构，主要包括腺嘌呤（A）、胸腺嘧啶（T）、胞嘧啶（C）、鸟嘌呤（G）等四种碱基。碱基对既是 DNA 的测量单位，也用于描述 DNA 链上的构建块之间的配对关系。每个 DNA 分子由两条链组成，每条链上的核苷酸都由脱氧核糖和磷酸盐组成，这两条链通过互补碱基配对连接在一起，形成 DNA 双螺旋结构。如果链的一侧有一个 G，另一侧就会有一个 C；如果链的一侧有一个 T，另一侧将总是有一个 A；这也是 DNA 的碱基互补配对原则。碱基对还可以被用来计算 DNA 或基因的长度。例如与人类酒精代谢密切相关的乙醛脱氢酶 2（*ALDH*2）基因，其长度为 44Kbp（千碱基对）；而与阿尔茨海默症相关的载脂蛋白 E（*ApoE*）基因则较小，长度仅为 3.6Kbp。

基因组可以被看成是关于一个物种的百科全书，不过这本百科全书不是由文字组成，而是由 A、T、C、G 四种碱基排列组合而成。这些碱基组成的序列从本质上决定了每个生命个体从生理到心理乃至行为的种种特征，是真正意义上的"生命天书"。基因组大小可以用基因组 C 值（C-value）衡量，即单倍体细胞核内的 DNA 含量。每种生物各有其特定的 C 值，不同物种的 C 值之间会有很大差别。虽然在理论预期中，基因组的大小和物种的复杂程度应成正比，即越简单的物种其基因组越小，而越复杂的物种其基因组越大。但越来越多的研究表明，即使是属于同一门类的物种，其基因组大小的变化也可能非常大。甚至一些看似简单的生物体却拥有比复杂生物体更大的基因组，例如野生微生物无恒变形虫（拉丁名为 *Polychaos dubium*）的基因组大小是人类的 200 倍。这便是所谓的"C 值悖论"（C-value Paradox），即基因组大小与物种形态上的复杂度之间并没有必然联系。对于"C 值悖论"现象的解释包括物种的复杂度可以是基因可变剪接的结果，或是通过增加新的基因功能进化而来，因此复杂度的增高不一定伴随基因数目的增加。

2.2 孟德尔遗传定律

几年前，世界各地讨厌香菜的人们成立了反香菜联盟，并将每年的 2 月 24 日定为"国际讨厌香菜日"（International "I Hate Coriander" Day）。香菜（又称芫荽）是世界上最常用的调味香草之一，原产于欧洲地中海地区，由张骞通往西域后带回中国，但人们对它的评价可谓两个极端：一部分人认为香菜拥有类似柠檬的清爽香气；另一部分人却认为它是"恶魔草药"，尝起来像肥皂水或是臭虫那样令人生厌。你是否知道，一个人对香菜的喜恶也是可遗传的呢？2012 年的一项科学研究发现，喜不喜欢香菜和位于人体第 11 号染色体上的嗅觉受体基因 *OR6A2* 有着很大关系。香菜叶片中含有多种醛类化合物，而 *OR6A2* 基因的突变会使得一个人对醛类化合物更加敏感，并且这一特征一定程度上能够在家族中遗传。

我们今天对特征和性状如何代代相传的理解，大多来自格雷戈尔·孟德尔（Gregor Mendel）于 1865 年提出的原则，即孟德尔遗传定律（Mendel's Law）。孟德尔并不是通过研究人类发现的这些遗传定律，而是通过研究豌豆（拉丁名为 *Pisum sativum*）而得到的。孟德尔遗传定律由两个原则组成。孟德尔第一定律是分离定律（Principle of segregation），它认为基因配对的两个成员（即等位基因）在形成配子时相互分离，一半配子携带一个等位基因，另一半携带另一个等位基因。配子（gametes）是单倍体生殖细胞，能够在有性生殖的过程中结合形成被称为合子（zygote）的二倍体新细胞。在大多数动物中（包括人类），雄性配子被称为精子细胞，雌性配子被称为卵细胞。换句话说，每个基因有两个拷贝（等位基因），每对父母只把一个拷贝传给子女；子女因此总共得到两个拷贝（等位基因）。孟德尔第二定律是独立分配定律（Principle of independent assortment，也译为自由组合定律），它表明不同性状的基因在配子生产中相互独立分配。换句话说，不同的基因是分开遗传的。用一个简单的例子来说，这意味着编码身高的基因与编码眼睛颜色的基因是分开进行遗传的。孟德尔遗传定律是完美实验方法与绝妙逻辑推理的结合。

在孟德尔的豌豆杂交实验奠定现代遗传学基础之前，历史上还存在过一些其他的遗传学假说。例如查尔斯·达尔文曾提出过混合遗传（Blending inheritance）理论的泛生论（Pangenesis），认为两个亲本杂交后，双亲的遗传物质会在子代体内发生混合，使得子代表现出介于双亲之间的性状，即后代的性状是由父母双方的性状混合而成的。然而，当孟德尔将一个品种的纯种豌豆与另一个品种的纯种豌豆进行杂交授粉时，这些通过杂交而产生的豌豆后代看起来并不像是二者的混合，而是只像其中的一种。

例如，豌豆花的颜色是孟德尔最早开始研究的性状之一。当孟德尔将开紫色花的豌豆与开白色花的豌豆进行杂交时，他得到的不是开浅紫色或其他白色与紫色之间过渡颜色花朵的豌豆后代（即混合遗传理论所预测的），而全部是开紫色豌豆花的后代。我们现在知道，豌豆花的颜色取决于同一个基因的两个版本，即两个等位基因；孟德尔引入了用一个字母的大小写来标注基因不同版本。开紫花的纯合体豌豆包含两个 P 基因，记为 PP；开白花的纯合体豌豆包含两个 p 基因，记为 pp；它们的后代包含一个 P 基因和一个 p 基因，记为 Pp，表达为开紫色花。在这个例子中，紫色花的等位基因是显性（dominant），而白色花的等位基因是隐性（recessive）。在人类中，亨廷顿舞蹈症（Huntington's Disease，HD）是一种常染色体单基因显性遗传疾病，如果父母中有一方携带 *HTT* 突变基因，那么子女遗传患 HD 的几率就至少是 50%。

2.3　遗传重组

地球上有超过 70 亿的人，但除了同卵双胞胎外，为什么即使是亲兄弟姐妹，我们也很难发现两个完全一样的人？遗传重组（recombination）在其中发挥了重要的作用，它是遗传多样性和物种进化的基础，涉及多个染色体之间或同一染色体的不同区域之间的遗传物质交换。这一过程通常是由同源（homology）序列所介导的，被称为同源重组（homologous recombination）。二倍体真核生物中（比如人类），这个过程发生在减数分裂时期，新复制的染色体之间会发生遗传信息交换。同源重组也是已知的最常见、最古老的重组类型。

减数分裂（meiosis）是产生单倍体配子的过程，即染色体只复制一次，但细胞连续分裂两次。在生命进化的历史进程中，减数分裂的出现意味着生命有了新的繁衍方式，即有性生殖。有性生殖离不开配子的融合，但这里出现了一个问题。想象一下，我们人类正常拥有 46 条染色体，一个孩子会从他（或她）的母亲和父亲那里分别得到一半的遗传物质；但如果是从每一方那里都获得 46 条染色体，加起来就成了 92 条。因此，必须有一种机制将这些成对的染色体拆开，以便制造出的配子融合后仍为 46 条染色体，这就是减数分裂存在的意义。它能够将完整的染色体二倍体分解成单倍体组，并在该过程中为重组的发生提供机会，这也对物种的多样性至关重要。换句话说，减数分裂机制保证了二倍体细胞进行 DNA 复制后，进行两轮细胞分裂，并产生四个单倍体生殖细胞。因此，减数分裂是保证物种染色体数目稳定的重要机制；同时，由于同源重组的发生，也是生物体适应环境变化不断进化的根本前提。

减数分裂期间发生的第一次分裂（Meiosis Ⅰ）是染色体对在细胞中心排成一排。而后，这些染色体对被拉开，以便每个新细胞只有每个染色体的其中一个拷贝；这时来自于父亲的一半染色体会与来自于母亲的一半染色体进入每个新细胞。第二次减数分裂时（Meiosis Ⅱ）染色体会再次在细胞中心排成一排，然后姊妹染色单体的着丝点会被解开使得两个单体分开，从而产生四个配子，每个配子只包含一组染色体。姊妹染色单体（sister chromatids，也被称作姐妹染色单体）是由同一个着丝点连着的两条染色单体，是在细胞分裂的间期由同一条染色体经复制后形成的，在细胞分裂的间期、前期、中期成对存在，其大小、形态、结构及来源完全相同。可以看出，减数分裂本身就是对父亲和母亲基因的一次重新"随机洗牌"，使得每个配子在遗传物质上都很难与其他配子相同。想象在一个极端的情况下，如果世界上最初只有两个人——"亚当"和"夏娃"，他们每人拥有 2 万个基因，每个基因的形式都所不同，那么通过同源重组中基因的随机互换，就会在理论上产生 $20\,000^2$ 这么多种的组合方式，也就是 4 亿种基因组合。而很多基因事实上存在超过 3 种的不同形式，因此理论上能够形成的基因组合远超过现在地球上的人类总数。这一基因被重新随机洗牌的特性奠定了孟德尔随机化法的理论基础，我们会在第 6 章进一步讨论。

与第一次减数分裂的重组机制相似，有丝分裂（mitosis）也会发生同源重组，并能够在其间精确修复双链断裂（double-strand break）、细胞代谢过程中遇到的病变以及外源性损伤。与减数分裂所不同的是，在有丝分裂过程中有一次染色体复制，一次细胞分裂，产生的两个二倍体子细胞与原始的亲本细胞相同。换句话说，有丝分裂过程中的基因重组发生在染色体的相同拷贝之间，因此不会产生新的变异。

值得注意的是，不论是减数分裂还是有丝分裂，其复杂的细胞分裂过程都是突变的主要来源。突变（mutation）是指 DNA 碱基水平上的永久性改变。突变可以影响一个碱基对，也可以影响一段染色体上的多个基因。基因突变一般分为两种类型，第一种是遗传性突变（hereditary mutation），它从父母那里继承（即生殖细胞发生突变），存在于个体的整个生命中，并且几乎存在于身体的所有细胞中，也被称为种系突变（germline mutation），是一种会被生物体的后代所继承的突变；第二种是体细胞突变（somatic mutation，也称作获得性突变），即个体的某些组织或者器官后天性地发生了体细胞变异，通常与细胞活动中遭受的各类 DNA 损伤以及细胞分裂过程中 DNA 复制错误没有得到正确修复相关。虽然导致疾病的突变在普通人群中相对罕见，但是大多数恶性肿瘤被认为是起源于体细胞突变。生殖细胞突变能够遗传到下一代，体细胞突变则通常限制在个体中、不能传递给后代，因此后者一般与生物进化无关。

　　总的说来，重组的结果确保了每个配子包含来自母亲或父亲的遗传信息，这样产生的后代相当于同时继承了所有四个祖父母的基因，从而获得最大数量上的遗传多样性。此外，同源重组还能够在一定程度上修复 DNA 损伤。例如在二倍体生物中，由辐射所引起的染色体双链断裂就可以通过在相应片段中的完整同源分子来修复。在这些情况下，姊妹染色单体通过重组以作为缺失物质的供体，而后进行 DNA 合成。

2.4　中心法则：从基因到蛋白质

　　基因是染色体上的一段包含特定蛋白质编码的脱氧核糖核酸或 DNA 片段。每个基因编码一段特定的氨基酸（amino acids）序列，从而决定了所表达的蛋白质。在自然界中已经鉴定出大约 500 种氨基酸，但人体中只发现 20 种氨基酸，它们组成了人体内成千上万种不同的蛋白质。因此，每个基因都是一组指令，向细胞指明了氨基酸的组合顺序，用于制造特定的分子。如果 DNA 是一本书，那么基因就是其中的重要章节，这些章节是细胞制造蛋白质的说明书。换句话说，基因能够告诉细胞组装氨基酸的正确顺序，以构建一个蛋白质（或酶）的三维结构。

人类是由二倍体细胞（diploid cells）组成的，换句话说，是由成对的染色体组成的，每个父母都有一套染色体遗传给子女。DNA双链是互补的，遵循碱基互补配对原则（The principle of complementary base pairing）。碱基互补配对意味着A总是与T配对，C总是与G配对，形成碱基对。两条链相互补充，因此包含相同的遗传信息。正是这些碱基在单条链上的顺序构成了遗传密码，并决定了蛋白质中氨基酸序列。

基因编码区的每个氨基酸都由三个碱基序列编码，这些氨基酸连接在一起形成不同的蛋白质。因此蛋白质的最终产生都取决于碱基的排列顺序。遗传密码因此也经常被称为三联体密码，指的是三个核苷酸编码的序列代表一个特定的氨基酸。只有约1%的基因组会被最终翻译成为蛋白质，这部分基因也被称为外显子。

因此，人体基因由三种类型的核苷酸序列组成：（1）外显子（exons）或编码区（coding regions），负责指定氨基酸的序列；（2）内含子（introns）或非编码区（noncoding regions），不指定氨基酸的序列；以及（3）调控序列，决定何时、何地以及制造多少蛋白质的数量。"外显子"一词来自于"expressed region"，因为这些是被翻译的区域，或最终作为蛋白质表达的区域；与此相反，"内含子"一词来源于"intragenic region"，在最终表达的蛋白质中没有直接体现。由于内含子不对蛋白质进行编码，曾经被生物学家认为是"垃圾DNA"（junk DNA）；然而最近几年，科学家们逐渐发现这些非编码DNA也能够调节基因活动，控制合成蛋白质的氨基酸序列，具备重要的生物学价值。

蛋白质是由一条或多条氨基酸链组成的大分子，这些氨基酸通过肽键（peptide bonds）连接在一起，其具体顺序由蛋白质的信使RNA中的核苷酸碱基序列决定。蛋白质对于我们的细胞、组织和器官的结构、功能和调节是必不可少的。蛋白质控制着细胞的形状和结构，同时也执行着重要的任务，如运输血液中的氧气、消化食物等。蛋白质有许多不同的功能，如控制细胞内发生的所有代谢反应，并作为生物催化剂加速体内的化学反应。其他功能还包括激素、抗体、氧气的运输工具（如血红蛋白）或结构蛋白（如角蛋白或胶原蛋白）等。

　　分子生物学中的中心法则包括转录（transcription）和翻译（translation）两个重要步骤。在真核细胞中，转录发生在细胞核内，翻译发生在细胞质内。转录是以 DNA 分子为模板，合成出与其核苷酸顺序相对应的 RNA 的过程，即 DNA 指导下的 RNA 合成。常见的 RNA 包括信使 RNA（mRNA）、转运 RNA（tRNA）和核糖体 RNA（rRNA），它们都是在细胞核内以 DNA 为模板、按碱基配对原则合成的。转录过程分为起始、延长和终止三个阶段。在起始阶段，RNA 聚合酶及相关转录因子识别 DNA 分子的启动子，并与之结合。此时，DNA 分子双螺旋局部解开，解链范围仅限于与 RNA 聚合酶结合的部位。聚合酶识别模板链，按照碱基配对原则催化最先掺入的两个核苷酸间形成磷酸二酯键。在延长阶段，RNA 聚合酶在 DNA 模板链上沿 3′至 5′方向移动，RNA 链以 5′至 3′方向延长，被转录过的 DNA 重新形成双螺旋结构。在终止阶段，RNA 聚合酶移动至转录终止位点（即终止子）时，聚合反应终止，新合成的 RNA 链释放出来，RNA 聚合酶从 DNA 模板上脱落。终止子是转录的终止信号序列。

　　蛋白质翻译是遗传信息从 DNA 到蛋白质传递的另一关键环节。在蛋白质翻译的过程中，核糖体此时会沿着信使 RNA 链，按照遗传密码子的对应法则依次将核苷酸序列翻译成氨基酸序列，继而形成多肽链。蛋白质的生物合成是根据 mRNA 链上每三个核苷酸决定一个氨基酸的三联体密码规则，合成出具有特定氨基酸顺序的蛋白质肽链。蛋白质合成过程本质上是遗传信息的翻译过程，是基因表达的第二个阶段。mRNA 是蛋白质合成的直接模板，因为合成过程实质上是将 mRNA 的核苷酸序列转换为蛋白质的氨基酸序列，是两种不同分子"语言"的转换，所以，把以 mRNA 为模板的蛋白质合成过程称为翻译。由于 DNA 分子中只有 4 种碱基，而蛋白质中有 20 种氨基酸，显然，单个碱基不能为氨基酸编码。如果 DNA 序列中每两个相邻的碱基决定一个氨基酸残基，则只能表示 $4^2 = 16$ 种氨基酸；如果三个相邻碱基对应一个氨基酸，那么，所能表示的氨基酸有 $4^3 = 64$ 种，可以满足 20 种氨基酸的编码需要。因此，mRNA 序列上三个相邻的碱基组成一个密码子（codon），或称三联体密码，一个密码子对应一种氨基酸。图 2-2 列出了编码 20 种氨基酸所对应的密码子，图 2-3 描绘了中心法则的核心内容。

密码子第二个字母

		U	C	A	G	
密码子第一个字母	U	UUU UUC Phe 苯丙氨酸 UUA UUG Leu 亮氨酸	UCU UCC UCA UCG Ser 丝氨酸	UAU UAC Tyr 酪氨酸 UAA UAG (终止)	UGU UGC Cys 半胱氨酸 UGA (终止) UGG Trp 色氨酸	U C A G
	C	CUU CUC CUA CUG Leu 亮氨酸	CCU CCC CCA CCG Pro 脯氨酸	CAU CAC His 组氨酸 CAA CAG Gln 谷氨酰胺	CGU CGC CGA CGG Arg 精氨酸	U C A G
	A	AUU AUC Ile 异亮氨酸 AUA Met 甲硫氨酸(起始) AUG	ACU ACC ACA ACG Thr 苏氨酸	AAU AAC Asn 天冬酰胺 AAA AAG Lys 赖氨酸	AGU AGC Ser 丝氨酸 AGA AGG Arg 精氨酸	U C A G
	G	GUU GUC GUA GUG Val 缬氨酸	GCU GCC GCA GCG Ala 丙氨酸	GAU GAC Asp 天冬氨酸 GAA GAG Glu 谷氨酸	GGU GGC GGA GGG Gly 甘氨酸	U C A G

图 2-2　密码子与氨基酸

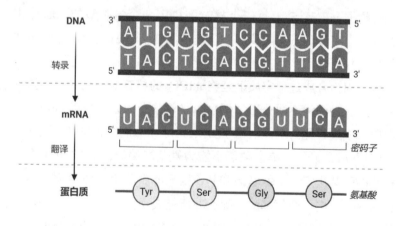

图 2-3　中心法则的核心

　　如果将细胞核看作是快递站，DNA 信息就是重要的快递包裹；mRNA

和 tRNA 可以分别被看作是快递车和快递员。细胞需要将 DNA 信息从细胞核（快递站）送到核糖体上。为了实现这一目标，它使用 mRNA 的快递车。在转录过程中，DNA 信息离开快递站（即细胞核），成为一辆装满包裹（即基因编码）的快递车。虽然实际情况比这个比喻要复杂得多，但 mRNA 有效地从 DNA 复制了"代码"，并作为 DNA 和核糖体之间的信使，在两者之间传递"代码"。因此，正确的氨基酸被这些载体分子以正确的顺序带到了核糖体上。tRNA 是快递员，以每次三个碱基的片段（即密码子）读取 mRNA，并通过一个反密码子与 mRNA 相结合。

第 3 章

遗传多态性与遗传力

3.1 等位基因、单核苷酸多态性和次等位基因频率

在一个物种的群体中出现两种或多种不同的形式或形态被称为多态性（polymorphism），其词语本身由希腊语中的 *poly*（多个）和 *morph*（形式）组合而成。遗传学中的多态性又是什么意思？最简单地说，遗传多态性（genetic polymorphism）是指同一群体中，一个特定基因座上存在两个或两个以上等位基因的现象。人类群体中的 ABO 血型系统就是遗传多态性的一个典型案例，它涉及输血过程中抗原的相容性，包含三个等位基因，即 A、B 和 O。人类的基因型有（1）AA、AO；（2）BB、BO；（3）OO；（4）AB 4 种，其对应的血型表现型则分别是（1）A 型、（2）B 型、（3）O 型和（4）AB 型。

我们一般将等位基因发生频率大于 0.01（即 1%）的情况归为遗传多态性。[1] 等位基因的英文（allele）来自于希腊语的前缀"αλληλο-"，意思是"相互"或"彼此"。等位基因有着多种形式，其中之一是单核苷酸多态性（single-nucleotide polymorphism，SNP），它是发生在基因组特定位置的单个核苷酸的变化，是人类中最常见的遗传变异类型。在人类中，SNP 在 DNA 序列上大约每 1000 个核苷酸就会发生一次；因此，作为一个群体，我们约有 1000 万个 SNPs。若将图 3-1 中韩梅梅和李雷的 DNA 片段进行比较，韩梅梅的左数第五对碱基对为 AT，而李雷在同样位置的碱基对为 CG，换句话说，他们两个人在这个位点的碱基对的所有差异，便是一个典型的 SNP。这意味着任意两个人的基因组和 DNA 之间有 99.9% 是相同的，但剩下的 0.1% 差异（约 300 万个位点）掌握着我们研究人与人之间差异的重要信息。正是基因上的这种相同和差异，奠定了人类个体之间如此相似却又各具特质的物质基础。

---

〔1〕 发生频率小于 0.01 的等位基因被称为稀有等位基因。

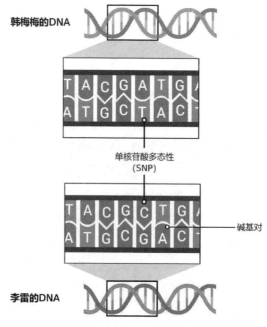

图 3-1　DNA、碱基对与 SNP

　　到目前为止，我们讨论的都是常见的 SNP，即人类群体中等位基因频率大于 1% 的单核苷酸变异（single-nucleotide variants，SNV）。另一种变异类型是结构变异（structural variation），也被称为基因体结构变异。结构变异是指个体染色体上结构的变异，可以由一个物种基因体中的多种变异所组成，通常包括微观和亚微观类型，如缺失、重复、拷贝数变异、插入、倒位和易位等。结构变异比单核苷酸多态性更难检测。正常人群的基因组中，约有 13% 的区域属于结构变异。基因组结构变异中的一个类型是拷贝数变异（copy-number variation，CNV），它是结构变异的一大类，一般是指长度为 1kb（kilo-base pair，千碱基对，相当于 1000 碱基对）以上的基因组大片段的拷贝数增加或减少，主要表现为亚显微水平的缺失和重复。与 SNP 相比，CNV 发生的频率虽然较低，但涉及的 DNA 序列长度却明显超过前者，因此对人类健康和疾病的影响更为显著。人类基因组上 5% ~ 10% 的区域存在 CNV，远高于其他类型的遗传变异，因此 CNV 变异是人类最常见的变异形式。换句话说，每个人基因组中都携带有一定数量的

CNV，绝大部分为良性，不会对个体造成影响；但少数 CNV 具有致病性，且很可能与肿瘤易感性相关。

等位基因频率（allele frequency）是指一个种群中特定基因座上各个等位基因所占的频率，可以衡量各个等位基因在基因库中的丰富程度。次等位基因频率（minor allele frequency，MAF）特指在给定群体中，第二常见的基因型（即次等位基因）出现的基因频率，是用于描述基因多态性的重要统计指标之一。假设在 100 个人里面，某条染色体上的某个 SNP 位点有三个等位基因，分别是 A、C 和 G。若通过全基因组测序，我们发现这 100 个人中在这个特定 SNP 位点的碱基 A 出现 100 次，碱基 C 出现 60 次，碱基 G 出现 40 次，则我们可以由此计算出三个等位基因频率：（1）因为人是二倍体生物，所以该 SNP 位点共计有 200 个碱基，作为计算的分母；（2）碱基 A 的等位基因频率 = 100/200 = 0.5；（3）碱基 C 的等位基因频率 = 60/200 = 0.3；（4）碱基 G 的等位基因频率 = 40/200 = 0.2。根据定义，出现第二多的碱基 C 为次等位基因，其次等位基因频率为 0.3（即 MAF = 0.3）。

多态性按其 MAF 区分可分为常见变异（MAF > 0.05）、低频变异（0.01 < MAF < 0.05）和罕见变异（MAF < 0.01）。因此，MAF 为我们提供了在特定人群中区分常见和罕见变异的重要信息。目前，全基因组关联分析主要集中于对常见变异的研究（即 MAF > 0.05）；由于对数据量和统计力的要求更高，低频变异和罕见变异的研究工作所面临的挑战更大。

对于人类群体中的单核苷酸多态性，遗传学家们一般以 rs ID 对每一个 SNP 进行命名。该 ID 以 "rs" 开头，后面是一串特定的数字，例如 rs671（与酒精不耐受相关）和 rs72921001（与香菜喜好相关）。我们可以在公共数据库中，如 dbSNP（The Single Nucleotide Polymorphism Database），根据每个 SNP 的 rs ID 获得它的所在染色体、具体位置以及其他重要信息。除了 rs 命名法之外，其他常用的命名法还包括 HGVS（Human Genome Variation Society）命名法等。

3.2 单基因遗传与多基因遗传

单基因（monogenic）遗传和多基因（polygenic）遗传的主要差别在于决定一个特定性状（trait）所涉及的基因数量。在单基因遗传中，某一性状是由一个基因决定的，遗传方式符合孟德尔遗传定律，因此也被称为孟德尔遗传。而在多基因遗传中，某一性状是由多个基因决定的，遗传规律更为复杂；人的身高、体重、认知能力，乃至性格、行为等复杂特征和行为大多属于多基因遗传性状。

孟德尔性状，如镰状细胞性贫血或亨廷顿氏病，虽然由单基因控制，但单基因的作用很大、具有高渗透性。遗传学中的渗透率（penetrance）是指人群中携带与特定表型相关等位基因的个体所占的比例。一些罕见变异的出现频率可能非常低，但其影响可大可小；许多低频和罕见变异的影响适中，例如克罗恩病（Crohn's disease）的相关变异；而通常情况下，由于自然选择的作用，常见变异对特定形状的影响反而是最小的。

现实情况中，单基因性状的发生较为罕见，而多基因性状更为常见。多基因现象意味着某一特定性状不是由一个单一的遗传变异所决定；而是存在成百上千的遗传变异，每一个都会对性状的发生产生微小但不可忽略的影响。这样的表型也被称为复杂性状。这一现象与常见疾病—常见变异假说（common disease-common variant hypothesis）有关，该假说认为与常见病有关的等位基因将在所有表现出特定常见病的人群中发现。在最极端的全基因模型（omnigenic model）中，每个基因的每个变异都被假定为影响一个复杂性状，并将对表型产生小的加性或乘性影响。图3-2描绘了基因频率与单个遗传变异影响的关系。

根据性状表现出的连续性，还可被分为质量性状（qualitative traits）和数量性状（quantitative genetics）。质量性状是经典的孟德尔性状，不同表现型之间是非连续性和离散的。而数量性状的不同表现型之间的界限不明，变异呈现连续性。与质量性状相比，数量性状受环境条件的影响较大，并且通常由多基因控制。1889年，英国博物学家高尔顿（Galton）首次

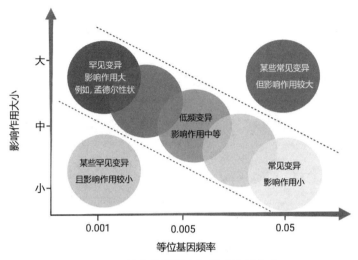

图 3-2　等位基因频率与影响作用大小

在《自然遗传学》（Natural Inheritance）一书中讨论了连续变异情况，开启了数量性状遗传研究的先河。1909 年，瑞典遗传学家尼尔松—埃勒（Nilson-Ehle）提出了多基因假说，其核心在于数量性状是由于多个能产生微效而起累积效应的、无完全显性的基因共同作用的结果，其中每一个基因的遗传方式仍然按照孟德尔遗传方式进行。多基因假说在根本上说明了数量性状与质量性状的相对统一性。1918 年，现代统计科学奠基人之一的罗纳德·费雪（Ronald Fisher）将统计学与遗传学相结合，在理论和实证上证明了多基因假说的有效性。此后，数量遗传学逐渐发展为一个结合数理统计与遗传学的重要研究领域。

多基因性的一个直观含义是，多基因性状中单个 SNP 的效应会比只由少数几个 SNP 决定的情况要小。在检测精度一定的条件下，对于这类作用微小基因的发现会更难。正如我们在后文中所详细探讨的那样，我们可以用多基因评分（polygenic scores，PGS）来代表由 GWAS 结果获得的个体中特定性状遗传效应的累加总合；有时也被称为多基因风险分数（polygenic risk scores）。多基因评分是遗传经济学分析中一个重要的定量变量，能够通过结合多个遗传位点及其相应权重来量化某一表型的遗传倾向。最近，一些研究人员认为我们需要超越多基因模型，转向全基因模型

（omnigenic model）。在全基因模型中，基因调控网络被认为是相互关联的，基本上所有在性状（或疾病）相关细胞中表达的基因都有可能影响核心性状相关基因的功能。这一新的理论认为，大多数相关的遗传变异可以通过对所研究的核心途径之外的基因的影响来解释。

3.3 同型合子、异型合子和连锁不平衡

前面已经介绍，多态性是指在一个特定的基因座上存在一个以上的等位基因。基因座（locus；复数形式为 loci），又称为基因位点或位点，是指某个基因或某个具有调控作用的 DNA 序列在染色体和基因组上所处的特定位置。当一个人在某个基因座上有两个相同的等位基因时，无论这两个等位基因是显性还是隐性，都被称为是同型合子或是纯合子（homozygous）。而当一个人在某个基因座上的两个等位基因不相同时，则被称为是异型合子或是杂合子（heterozygous）。群体遗传学中，一般采用杂合度（heterozygosity），即某一基因座上等位基因是异型合子的频率，来评估和度量群体遗传多样性的程度。

这也解释了显性性状与隐性性状的区别。显性性状由显性等位基因控制，只要某个基因座上存在一个显性等位基因就能够表达此性状。而隐性性状由隐性等位基因控制，某个基因座上必须两个等位基因都同为该隐性等位基因才能表达此性状。对于显性基因，我们通常用大写字母表示（如 A）；对于隐性基因，我们通常用小写字母来表示（如 a）。例如，酒窝通常被认为是一种显性遗传性状，而没有酒窝则是隐性性状。一个有酒窝且同型合子的人，其基因型可表示为 AA；一个有酒窝且异型合子的人，其基因型可表示为 Aa；而一个没有酒窝的人只可能是同型合子，其基因型是 aa。

另一个相关的重要概念是连锁不平衡（linkage disequilibrium，LD），也被称为等位基因关联，是指群体中不同位点等位基因的非随机组合。它是在两个基因座上观察到的特定等位基因组合频率与随机关联预期频率之间的差异的量度。换句话说，连锁不平衡是指基因频率在两个或两个以上

位点上的相关性或是依赖性。当存在连锁不平衡时，不同等位基因的结合频率会高于或低于当它们是独立且随机关联时的预期频率。在遗传经济学研究中，连锁不平衡的特性能够帮助我们识别和定位人类复杂行为或性状的相关基因。

3.4　广义遗传力与狭义遗传力

遗传力（heritability，也被称为遗传度）是我们了解遗传和环境对表型影响的基础。遗传力被定义为一个群体中可归因于遗传差异的性状变异的比例，或是遗传方差占表现型方差的百分数。我们通常用 h^2 来表示遗传力。方差（variance）在统计学中能够用于衡量一个数据集的分散程度。因此，一个群体中个体的总表现型差异可以用表现型总方差（V_p）来衡量，它是遗传方差（V_g）和环境方差（V_e）的加总，即 $V_p = V_g + V_e$。这种方差的划分方法假定了所有的方差来源都可以归结为遗传效应和环境效应。广义遗传力（H^2）被定义为在一个特定群体中，遗传方差占表现型总方差的比值：

$$H^2 = \frac{V_g}{V_p} \tag{3.1}$$

遗传方差可以被进一步分解为加性遗传方差（V_a）和非加性遗传方差（V_{na}），并有 $V_g = V_a + V_{na}$。加性遗传效应是指两个或更多的基因都对表型有贡献，或者一个基因的两个等位基因对表型的综合影响等于它们各自影响的总和。因此，加性遗传方差是指等位基因间和非等位基因间的累加作用所引起的变异量；这部分变异是可以稳定遗传的。

非加性遗传效应包括显性（dominance，即对于单一基因座上的等位基因而言）和上位显性（epistasis，也被称为异位显性，即对于不同基因座上的等位基因而言）。显性遗传效应描述了一个基因的不同等位基因之间的关系，当其中一个等位基因对表型的影响掩盖了同一基因座上的第二个等位基因的贡献时，第一个等位基因被说成是显性的，第二个等位基因被说成是隐性的。上位显性遗传效应与此不同，是指一个基因的等位基因影响不同基因的另一个等位基因的表达的一种关系。因此，显性遗传方差（V_d）和上位遗传方差（V_i，也被称为交互作用方差）是指一个基因型的影响受到一个或多个其他基因型的影响。此外，基因型与环境的交互作用也同样有可能发生。

狭义遗传力（h^2）被定义为在一个特定群体中，加性遗传方差占表现型总方差的比值：

$$h^2 = \frac{V_a}{V_p} \tag{3.2}$$

关于遗传力，有几种常见的错误理解在这里值得特别说明。第一，遗传力不是一个针对个人的概念。例如，我们说身高的遗传力约为80%，并不意味着一个人的身高有五分之四是由遗传因素决定的，或是其他五分之一是由环境因素造成的。事实上，它意味在人与人的身高差异中，遗传因素可以解释其中的80%。第二，遗传力通常是针对特定群体而言的。第三，遗传力不等同于遗传。遗传是指后代和其生物学父母之间的关系。而遗传力不仅衡量遗传因素，还衡量环境、社会经济、文化等其他因素。第四，遗传力低并不一定意味着遗传因素的作用非常小。根据遗传力的计算公式，遗传力低可能是由于对表型有贡献的基因没有变异或环境变异很大。例如，尽管颈椎数量与基因高度相关，但由于每个人的颈椎数量都是一样的，所以几乎没有变异，因此没有或很少有变异可归因于遗传因素。

3.5 遗传力的多种估计方法

某一性状或特征的遗传力的估计可以从双胞胎研究（twin studies）、SNP 和 GWAS 研究中获得。双胞胎或家庭研究通过量化表型中的遗传、共同环境和独特环境因素，是最早获得遗传力估计值的手段。这一方法背后的直觉是，如果一个表型是可遗传的，那么遗传基因相同（例如，同卵双胞胎）或相近（如兄弟姐妹或异卵双胞胎）的个体应该比人群中的随机成员更相似。虽然同一家族成员所经历的成长和社会经济环境的相似性，很可能与遗传相似性发生混淆，但双胞胎可以成为一个自然实验来处理这种混淆，从而提高遗传力估计值的准确性。在经典的双胞胎研究中，研究人员会将同卵双胞胎（MZ，遗传基因完全相同）与异卵双胞胎（DZ，遗传关系与正常兄弟姐妹类似，共享大约一半的遗传物质）进行比较。如果假定 MZ 和 DZ 双胞胎共享大致相同的环境，即所谓的平等环境假设（equal environment assumption），则他们的表型相关性之间的差异可以提供一个无偏的遗传力估计值。在这类研究中，总表型方差可被标准化为 100%，并被划分为由三个部分组成：（1）加性遗传效应，用 A 表示（即狭义遗传力）；（2）双胞胎共同的共享环境（包括家庭背景、成长环境等社会经济因素）效应，用 C 表示；以及（3）双胞胎独特的非共享环境效应，用 E 表示；并且有 A+C+E = 100%。其中，非共享环境可以是同龄人群体或在以后的生活中合作伙伴或同事的影响，这也被认为是唯一会导致 MZ 双胞胎表型差异的因素。由于 E 一般难以被观测和记录，有时会被归为测量误差。

由于共同环境 C 对于 MZ 和 DZ 双胞胎而言是相同的，而 DZ 双胞胎只有约一半的等位基因是相同的，因此表型相关性可以表示为：

$$r_{MZ} = A + C \tag{3.3}$$

$$r_{DZ} = \frac{1}{2}A + C \tag{3.4}$$

代入化简后可得到：

$$A = h^2 = 2(r_{MZ} - r_{DZ}) \tag{3.5}$$

由双胞胎研究估计出的狭义遗传力数值通常是最高的，我们用 h^2_{family} 表示。

第二种遗传力的计算方法来自于基因芯片（chip）法，即 SNP 遗传力等于标准芯片上所有变异体加总占表型变异的比例，可以用 h^2_{SNP} 表示。SNP 分型芯片是用于检测 SNP 的高密度计算机芯片，因人群而异，大小不同，常见的品牌有 Affymetrix、Illumina、Agilent 等。测序完成后，可采用基因组限制性最大似然法（genomic restricted maximum likelihood，GREML）或连锁不平衡分数回归（linkage disequilibrium score regression，LDSC）得到狭义遗传力的估计值。双胞胎和家庭研究的遗传力估计法非常依赖于样本本身，必须包含遗传基因相同同卵双胞胎或相似的兄弟姐妹样本，这对于研究人员而言较难以收集。相比之下，SNP 遗传力的估计可以基于完全不相关的个体所组成的样本，使得遗传力的计算更具可操作性。此外，还有基于 GWAS 获得的遗传力（用 h^2_{GWAS} 表示）。它是由 GWAS 筛选出的与特定表型关联的遗传变异所占总变异的比例。我们将在第十五章介绍如何使用 LDSC 软件进行连锁不平衡分数、遗传力等指标的计算。

通常情况下，h^2_{family} 比 h^2_{SNP} 大，而 h^2_{SNP} 又比 h^2_{GWAS} 大得多。随着样本量的增加和技术的发展，更多的表型相关遗传变异不断被发现，使得遗传力的估计值变得越来越准确。h^2_{family} 和 h^2_{GWAS} 之间的差值被称为"缺失的遗传力"（missing heritability）。图 3-3 绘制了常见表型特征的 h^2_{family} 和 h^2_{GWAS} 遗传力估计值，可见二者之间的区别。遗传力缺失的潜在原因一般被认为包括非加性遗传效应、大效应的罕见变异以及双胞胎研究遗传力的高估（主要由于共同环境因素而造成的估计偏误）。另一些学者认为遗传力缺失现象只是受到当前研究工具和样本量大小的限制。未来技术手段的进步、荟萃分析样本量的增加会大大减少遗传力的缺失性。

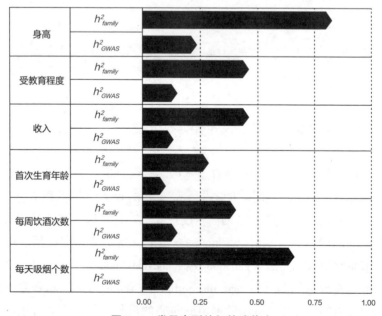

图 3-3　常见表型特征的遗传力

第 4 章

社会经济行为基因的测度与
全基因组关联分析（GWAS）

4.1　GWAS 发展背景

遗传学研究的一个重中之重是识别和确定与特定表型相关的遗传变异，即遗传关联研究。这里的"特定表型"可以是疾病（如糖尿病、阿尔茨海默症等），也可以是生理/心理特征（如身高、BMI、风险偏好等），或者是社会经济行为（如受教育程度、收入等）；后者也是遗传经济学最为关注的研究领域。最早的关联分析主要是采用候选基因法（candidate gene studies），集中于预先设定的感兴趣的位点，这些位点被认为与所研究的表型性状相关。但候选基因法的一个很大问题在于研究结论缺乏可重复性。过去 20 年中，随着基因分型技术的发展、成本的降低和先进数据分析方法的出现，GWAS 已成为主流分析手段。

GWAS 是目前用来识别单核苷酸多态性和表型之间关联的主要方法，能够在人类全基因组范围内找出存在的序列变异，从中筛选出与特定复杂性状相关的遗传位点或 SNP。GWAS 检验数百万个独立的回归模型，以确定遗传变异和表型之间的关联。正如第 3 章中介绍过的那样，表型可以是单基因性状，受单个基因内变异的强烈影响；但更多情况下是多基因复杂性状，是由多个基因的变异以及它们与行为和环境因素相互作用的结果。GWAS 的回归结果显示了每个单独的 SNP 与一个特定性状或表型的关联。与候选基因法不同的是，GWAS 不作任何假设（hypothesis-free），并在所有基因分型区域内检验相关性。GWAS 研究的是使个体彼此不同的基因多态性，正是这 0.1% 的差异使得我们每个人都是独一无二的（除了同卵双胞胎以外）。

许多复杂性状与多个遗传位点有关，所以 GWAS 通常会发现许多遗传变异，但每个变异对表型的影响都很小。由于单个遗传位点作用的微小性，因此 GWAS 需要大样本数据才能够成功识别具有统计关联的遗传变异。最新的关联研究通常基于多个数据源，合并后进行大型联合体荟萃分析（meta-analysis）以得到 GWAS 结果。例如 2022 年最新的受教育程度

GWAS 研究，样本量就高达 300 万人。需要注意的是，GWAS 中发现的大多数遗传变异并不一定是生物学上具有因果关系的位点，而更可能确定的是包含一个或多个具有特定生物学功能基因的所在区域（由于连锁不平衡的存在）。

早在 1996 年，斯坦福大学的 Neil Risch 和耶鲁大学的 Kathleen Merikangas 就在仅仅 2 页纸的经典论文《复杂人类疾病的遗传学研究未来》中首次提出了关联研究的设想，也就是 GWAS 的研究雏形。彼时，科学家们尚未获得人类基因组数据，也没有任何技术能够对百万级别的遗传变体进行分型。所以在当时，这个设想就像科幻小说一样。

随着生物技术的高速发展，2005 年设想成真，*Science* 杂志报道了第一项关于老年黄斑病变的 GWAS 研究，这被认为是第一篇应用于人类的 GWAS 研究。2007 年，由 Wellcome Trust Case Control Consortium（WTCCC）主导的 GWAS 研究在设计上更为严密和精良，为之后的 GWAS 研究进一步奠定了基础。该研究由英国惠康基金会（Wellcome Trust）主导完成。惠康基金会是世界上最大的生物医学研究基金之一，最早由制药业巨头亨利·惠康爵士（Sir Henry Wellcome）于 1936 年创办。在这篇论文中，WTCCC 证明了基于大样本量、遵循严格研究设计和标准的 GWAS 能够得到可重复性结果。截至 2022 年 2 月，已有超过 10 000 种的人类表型 GWAS 研究结果被公开发表。这些表型既包括疾病（如糖尿病、乳腺癌、阿尔茨海默症等）和遗传特征（如身高、体重、BMI、酒精耐受性、咖啡因耐受性等），也包括多种人类复杂行为和社会经济特征（如受教育程度、收入、工作满意度等）。

随着时间的推移，新近发表 GWAS 在样本规模上有了大幅跃升。例如 2019 年末关于家庭收入的 GWAS 中，样本量超过 28 万个个体；2020 年初关于饮食模式和特定食物消费的 GWAS 中，样本量超过 45 万个个体；2022 年初关于领导力的 GWAS 研究，样本量超过 24 万个个体。还有一些 GWAS，根据研究性状的不同，样本量已达百万级。例如最早被研究的社会经济特征——受教育程度，在 2022 年 3 月发表的第四轮 GWAS（简称 EA4）中样本已超过 300 万人。GWAS 样本量的扩大主要归功于英国生物银行（UK Biobank）和直接面向消费者基因检测（Direct-to-Consumer Genetic Testing，DTC-GT）服务提供商（如 23andMe）的大型数据库。

4.2　GWAS 研究准备和预注册流程

在正式开始 GWAS 分析之前，研究人员需要充分考察并了解待研究的表型特征，包括到目前为止文献中已经研究过的内容、如何对表型进行量化、以往研究（如双胞胎研究）中报道过的遗传力估计值以及已有的 GWAS 结果。例如，可以参考 1960 年以来采用双胞胎研究对多种人类性状的遗传性综合分析结果。除了充分利用学术搜索引擎外，还推荐使用 GWAS Catalog 网站（免费在线数据库，汇集了 GWAS 的相关研究，网址为 https://www.ebi.ac.uk/gwas/）、Pan UKBB 网站（英国生物银行 GWAS 研究汇总，网址为 https://pan.ukbb.broadinstitute.org/）等在线数据库。

此外，研究人员需要厘清哪些数据源会含有感兴趣的表型变量，并尽可能将它们组合成一个数据联合，作为研究样本。组建数据联合需要花费相当多的时间和精力，包括等待伦理审批、访问许可等，有些数据库的使用需要支付一定费用。在大型队列研究数据库中，英国生物银行（UK Biobank）包含约 50 万个个体（网址为 https://www.ukbiobank.ac.uk/，可通过申请获取数据访问权限）。美国的"我们所有人（All of Us）"预计将包含 100 万个个体（网址为 https://allofus.nih.gov/）。中国的大型队列研究，如中国嘉道理生物银行（China Kadoorie Biobank，CKB；网址为 https://www.ckbiobank.org/site/），目前尚未开放合作研究机会。总之，研究人员在进行 GWAS 之前应合并尽量多的数据集以得到尽可能大的样本，以增加 GWAS 的统计力。有时，出于数据安全与隐私的考虑，每个子数据集会有一名专门的分析人员，负责在此子数据集内部进行 GWAS 分析，并将分析结果反馈给数据联合的首席研究人员。这种 GWAS 荟萃分析（meta-analysis）正成为在超大型数据联合样本中寻找与表型相关遗传变异的流行研究手段。

近年来，一些顶尖学术期刊开始推行一种新型学术论文发表机制，即注册报告制（registered reports）。该制度的核心理念是在研究论文发表之前，就将要进行的研究目标、过程、方法与设计向公众公布，并接受同行评议。若同行评议通过，则论文作者只要严格遵守协议，按提交的研究进程进行研究，无论其研究结果如何（例如是否发现统计上显著的效应），都会得到发表，且其研究数据也将一并得到共享。该制度从正向激励角度出发，使论文作者不再为了发表而作出"p 值操控"（p-hacking），从根本上回归科学研究的本质，避免可能导致研究报告中假阳性增加的操作。因此，目前流行的 GWAS 研究会在开放平台上进行预注册并公开分析计划，如开放科学框架网站（Open Science Framework，网址为 https://osf.io/）。

如图 4-1 所示，收入 GWAS 的完整分析计划可在以下网站获得：https://osf.io/7z45j/。在作者提供的分析计划文档中，我们一般可以获得以下信息：

（1）研究的背景和动机；

（2）所研究的表型（即具体的社会经济特征/行为），在这个例子中是个人和家庭收入；

（3）如果作者计划通过组建数据联合以扩大样本量，需写明加入联合体的流程和截止日期；

（4）详细的样本纳入标准，在这个例子中是已完成学业并进入劳动力市场中的成年人；

（5）基因分型和填补方案；

（6）关联分析所采用的具体模型、统计软件等信息；

（7）分析结果的文件格式、数据交换和安全程序等重要信息。

图 4-1　OSF 网站预注册 GWAS 研究示例

4.3　GWAS 统计推断方法

GWAS 研究的核心前提是对特定人群中的大量个体样本同时进行数百万次假设检验，或者说对每个遗传变体和位点进行一次假设检验。每项遗传关联研究都采用统计推断来建立和量化某个遗传位点和某个表型之间的关联强度。关联方法的选择一般取决于表型的性质（是二元变量还是连续型变量），但也会考虑潜在的混杂因素（如性别、年龄、出生队列等）。对于二元性状或离散性状（如是否患有某种疾病、饮酒后是否会脸红等），一般采用 Logistic 回归；对于连续型性状（如体重指数、身高、受教育程度等），则一般采用线性回归。

回归分析的目的是对每一个遗传位点和被研究的表型之间的关联产生一个估计值，估计值的统计显著程度可以以 p 值衡量。p 值是当原假设为真时所得到的样本观察结果或更极端结果出现的概率。如果 p 值很小，说明在原假设下极端观测结果的发生概率很小。GWAS 中的 H_0 通常设定为"目标位点与表型无关"，因此较小的 p 值被视为零假设可能不成立，即备选假设成立，也就意味着"目标位点与表型相关"。

需要注意的是，GWAS 中需要对 p 值进行多重假设检验（multiple hypothesis testing）校正。当在同一个数据集上进行多次统计检验时，就需要进行多重假设检验校正。GWAS 在扫描整个基因组与表型关联的过程中检测了百万数量级的独立假设，如果使用传统统计分析中 0.05（即 5%）的 p 值阈值来评估，则意味着即使原假设为真，研究者也期望在 5% 的情况下拒绝原假设，造成大量假阳性结果（即 I 类错误）。例如，一次 GWAS 中检验了 100 万个 SNP 位点，其中的 5% 将被错误地拒绝，这意味着研究人员会得到 50 000 个假阳性结果；而现实情况中，很多 GWAS 甚至会检验超过 100 万个 SNP 位点，造成更为严重的假阳性结果。因此，研究人员需要在 GWAS 检验程序中进行校正，以调整所测试的大量独立假设。为了纠正这种多重检验负担，GWAS 设定了更为严格的 p 值阈值，即 Bonferroni 校正中的 5×10^{-8}，只有 p 值低于 5×10^{-8}（即 $p < 0.00000005$）的 SNP 才被认为达

到"全基因组显著"（genome-wide statistical significance）。Bonferroni 校正由意大利数学家 Carlo Emilio Bonferroni 发展而来，是最为严格的一种校正方法。有时，p 值低于 $5×10^{-6}$（即 $p < 0.000005$）的 SNP 也被认为是"暗示性命中"（suggestive hits）。此外，由于 SNP、MAF、LD 模式或阵列的变化，全基因组的显著性阈值可能在不同的人群中有所不同。例如在 LD 较低的人群中（如非洲血统的群体），需要使用更严格的 p 值阈值。

也有些学者认为，Bonferroni 校正过于保守，会导致假阴性结果（即 Ⅱ 类错误）的增加。另一种较为温和的校正方法为 FDR 校正，由 Benjamini 和 Hochberg 于 1995 年提出，具体算法包含 Storey 法、Benjamini-Hochberg（BH）法等。与 Bonferroni 校正相比，FDR 校正的计算较为复杂。以 BH 法的 FDR 校正为例，一般包含以下步骤：

第 1 步：将回归得到的一系列 p 值，即 $p = [p_1, p_2, …, p_n]$ 从大到小进行重新排序，计为 $P = [P_1, P_2, …, P_n]$；

第 2 步：按照以下公式计算每个 P 值所对应的校正前的 FDR 值，这里称之为 Q 值：$Q = P_i × (n/r)$，P_i 表示 P 中元素值，n 是 P 值个数，r 依次为 n，$n-1$，…，1；

第 3 步：对 Q 进行校正，得到 FDR 值；对于计算出来的 $Q = [Q_1, Q_2, …, Q_n]$，若某一个 Q_i 值大于前一位 Q_{i-1} 值，则把 Q_i 的值赋值为 Q_{i-1}；反之则保留相应的 Q 值；最终得到 Q 值称之为校正后的 FDR 值。

第 4 步：按照重排序之前的顺序返回各个 p 值对应的校正后的 FDR 值。

GWAS 的主要结果一般采用曼哈顿图（Manhattan plots）表示，如图4-2（a）所示的某表型 GWAS 结果。曼哈顿图实际上是一个散点图，这一名字的由来自纽约曼哈顿区高楼大厦的剪影，如图 4-2（b）所示。图中每一个点代表一个 SNP，纵轴为每个 SNP 计算出来的 p 值取以 10 为底的负对数，横轴为 SNP 所在的染色体。一个基因位点的 p 值越小则 $-\log_{10}(p)$ 值越大，离 x 轴越远，代表其与表型的关联程度越强。在曼哈顿图中将 p 值取负对数有利于突显 SNP 位点的显著性（位置越高越显著）。图中的粗实线代表的是 $p < 10^{-8}$ 的全基因组显著性阈值，位置高于它的 SNP 位点与表型显著相关；虚线代表暗示性命中的阈值。由于连锁不平衡 LD 关系的

存在，实际 GWAS 结果中强关联位点所在染色体区域周围的 SNP 也容易显示出相对较高的信号强度，并依次向两边递减。需要再次强调的是，GWAS 识别出的位点与表型是相关性而非因果关系；因果关联的确定需要进一步实验结果予以验证。

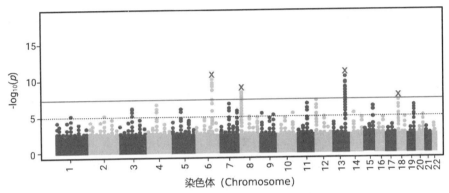

（a）GWAS 回归结果曼哈顿图示例

（b）曼哈顿天际线

照片来源：Fred Hsu（CC BY-SA 4.0）。

图 4-2　曼哈顿图和曼哈顿

对于离散型的二元表型性状，我们通常使用卡方检验来判断处理组（即有该表型的个体）和对照组（即无该表型的个体）分布频率之间的差异。卡方检验是统计样本的实际观测值与理论推断值之间的偏离程度，实际观测值与理论推断值之间的偏离程度决定了卡方值的大小；卡方值越大，偏差越大，越不符合；卡方值越小，偏差越小，越趋于符合；若两个值完全相等，卡方值为 0，表明理论值完全符合。卡方检验的 p 值报告了当某一 SNP 位点和表型不相关的情况下（即 H_0）偏差发生的概率。如果 p 值低于显著性阈值，则表明我们应拒绝原假设，该 SNP 位点与表型的相关性是显著的。

回归系数 β 能够代表显著性 SNP 位点与表型性状之间的关联强度，也是等位基因的效应值（effect size）。需要特别指出的是，初学者可能会以为效应值 β 越大、p 值一定就越小、SNP 与表型的关联就一定越强，这种理解是错误的。p 值表示一个遗传关联是否符合我们所选择的统计学意义上的阈值，但不能代表遗传关联的强度。p 值本身受样本量、统计力、其他协变量或混杂因素等的强烈影响。我们需要同时关注 p 值和 β 效应值，以便客观评估遗传位点与表型之间的关联性。对于二元表型性状而言，有时也会将效应值转化为比值比（odds ratio，OR）。OR 的计算是用在有表型相关等位基因的情况下具有表型的几率，除以在没有表型相关等位基因的情况下具有表型的几率。OR 不应该被理解为个体层面上的"个人风险"。

对于连续型的表型性状，我们可直接采用线性回归。以 Beauchamp 等（2011）报告的连续型表型变量受教育程度 GWAS 为例，其样本来自于美国弗雷明汉心脏研究（Framingham Heart Study，FHS），包含 8496 个个体的社会经济背景和基因数据。对于基因数据中的每一个 SNP 位点 k，$k = 1$，2，…，K，可采用以下线性模型对受教育程度进行回归：

$$Edu_i = \alpha_k + \beta_k SNP_{i, k} + \gamma_k X_i + \varepsilon_i \tag{4.1}$$

其中 i 是个人编号，$i = 1$，2，…，8496。Edu 为个体的受教育年份（连续型变量）。SNP_k 是个体在第 k 个 SNP 位点拥有的次要等位基因个数（取值为 0、1 或 2）。这里，每个 SNP 位点通常有可能出现两种核苷酸，其中在一般人群中较多见的被称为主要等位基因或高频等位基因（major allele），而出现次数稀少的被称为次要等位基因或低频等位基因（minor allele）。因此对于每一个 SNP 位点来说，人群中不同个体间通常会有 3 种可能性：①包含两个次要等位基因；②包含一个次要等位基因；③不包含次要等位基因（即都是主要等位基因）。个体间这种遗传因子的差异就形成了不同的基因型。X 是一组个体的社会经济控制变量，如性别、年龄等。在 GWAS 中，我们重点关注 β_k，即第 k 个 SNP 位点对于表型变量的效应值。

值得注意的是，K 为样本中每个人基因测序的 SNP 位点总量，在本例中 K = 500568，显示出基因数据高维度的特性。每一个 SNP 位点都能够对应一组包含 8496 个个体观测值的样本，回归得到 β_k 后可通过统计检验查看 β_k 是否显著，由此判断 SNP_k 是否与受教育程度表型显著相关。在 GWAS 中，研究人员需要对全部约 50 万个 SNP 位点逐一重复上述过程，就能够找到与 Edu 显著相关的各个 SNP_k 位点；这也是 GWAS 的核心所在。换句话说，每一次回归的样本量就是参与人数的总和（N = 8496），而总的回归次数在这里等于 SNP 的位点个数（即 500568 次回归），因此对于每一个回归而言仍然满足样本量大于待估参数个数的条件。

假设我们发现一个 SNP 的基因型 AA、AG 和 GG 与受教育年份（年）相关联。如果回归结果显示 A 等位基因是 β 系数为 0.5 的"高受教育程度"等位基因，那么每个 A 等位基因被预测为对个体的受教育年份有 0.5 年的贡献。换句话说，β 系数具有可加性，可用于构成总效用值。

4.4　GWAS 统计力

一般而言，在任何旨在检验或估计自变量或暴露（exposure）对结果（outcome）变量影响的研究中，我们主要关注的是能够正确检验到预先假设效应的概率——前提是该效应确实存在。这种概率就是统计力（statistical power）。如果正确检验的可能性很低，则在研究开始之前就应当谨慎选择。反过来说，统计力也可以被定义为是"正确拒绝无效假设的能力"。在 GWAS 中，无效假设或零假设是"候选 SNP 对表型性状没有影响"，因此这里统计力又可以被定义为"正确舍去 SNP 与表型性状之间无统计关联的零假设的概率"。GWAS 中的样本量、决定统计显著性的 p 值阈值、效应值以及次等位基因频率 MAF 等因素均会影响统计力。由于基于基因芯片设计的 GWAS 着重关注人群中的常见变异（次等位基因频率 MAF 一般大于 0.05 或 0.01），得到的显著位点也都为常见遗传变异。对于罕见变异或低频变异而言，普通的 GWAS 难以检测，且显著关联的统计力很低，需要更大的样本量。

统计力的计算有多种方法。如图 4-3 所示，Purcell 和 Sham（网址为 http：//zzz. bwh. harvard. edu/gpc/）、遗传关联研究（网址为 https：//csg. s-ph. umich. edu/abecasis/gas_ power_ calculator/）等网站均提供了在线 GWAS 统计力计算器，可用于特定研究的统计力计算。计算时需要输入样本量大小、表型变量类型、显著性 p 值阈值、等位基因频率等重要参数信息。值得指出的是，很多计算工具还允许研究人员根据预期统计力和其他参数推算出 GWAS 所需的最佳样本量大小，作为 GWAS 研究设计的重要指导指标。除在线工具外，一些 R 语言程序包也可以实现统计力和最优样本量的计算，如 genpwr 程序包（介绍网站为 https：//www. rdocumentation. org/packages/genpwr/）。

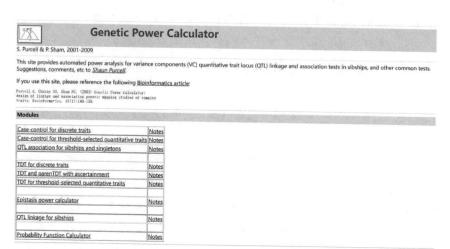

（a）Purcell 和 Sham 网站

（b）遗传关联研究网站

图4-3　在线统计力计算工具示例

4.5　基因数据的质量控制

在对基因数据进行 GWAS 之前，一般还需要对数据进行质量检查，即所谓的质量控制（quality control，QC）。质量控制是处理基因数据的核心内容之一，也是获得可靠 GWAS 结果的基础。受实验条件、实验操作规范、样本污染等因素的影响，原始基因分型数据往往会存在多种质量问题（如部分个体的数据缺失、基因型的高缺失率等），导致低质量的样本数据和不可靠的 GWAS 结果。由于质量控制环节出现了问题，Sebastiani 等人2010 年在 *Science* 杂志发表的关于长寿基因的 GWAS 文章被撤回，这从侧面说明了质量控制的重要性。此外，不成功的质量控制（如未能控制亲属关联和群体分层）还会导致所构建的多基因评分的预测力被高估（详见第5 章），造成结果偏误。Skafidas 等于 2014 年发表在 *Molecular Psychiatry* 上关于自闭症的研究就被认为因缺乏对人群分层的质量控制而受到影响。

质量控制包括两个方面，一个是样本层面的质量控制，另一个是 SNP 层面的质量控制。样本的质量控制一般包括检查样本缺失率（例如排除基因型缺失率高于98%的个体）、杂合性、亲属关联、群体分层以及基因型性别是否与问卷记录一致等方面。SNP 位点的质量控制一般包括检查 SNP

丢失率（例如排除检出率（call rate）低于98%的 SNP 位点）、MAF 值（例如排除 MAF 低于5%或1%的 SNP 位点）以及是否满足哈迪—温伯格平衡等方面。

哈迪—温伯格定律（Hardy-Weinberg principle，HWP）又被称为遗传平衡定律，主要用于描述群体中等位基因频率以及基因型频率之间的关系。其主要内容是指，在理想状态下，等位基因频率与基因型频率在代与代之间将会保持恒定。换句话说，如果一个群体里对于某个基因来说处于哈迪—温伯格平衡，那么就可以说这个基因没有在进化，该基因的等位基因频率在代与代之间也会保持恒定。"理想群体"被假设为满足群体的个体数量无穷大、随机交配、无突变、无迁徙、无自然选择等理想条件。例如对于人类这样的二倍体生物而言，假设等位基因 A 的频率用 p 表示，等位基因 a 的频率用 q 表示，且 $p+q=1$；在满足哈迪—温伯格平衡的群体中，基因型 AA 的频率为 p^2，基因型 aa 的频率为 q^2，基因型 Aa 的频率为 $2pq$，且有 $p^2+q^2+2pq=1$。研究人员可采用卡方检验验证样本数据是否符合哈迪—温伯格平衡；如果符合，则可以采用哈迪—温伯格定律推算基因型频率。

4.6 多表型性状的 GWAS

有时，当我们在进行关联分析时用到的不同子样本可能会对表型变量的描述或量化存在差异，不适合统一为一个单一表型。这需要我们对多性状（multi-trait）进行关联分析。Rietveld 等（2014）对此提出了代理—表型法（the proxy-phenotype method），通过两阶段 GWAS 对与认知表现（cognitive performance）相关的几种不同表型变量（如受教育程度、认知测试得分、记忆力等）进行了关联分析。

Turley 等（2018）进一步提出了多性状 GWAS（multi-trait analysis of GWAS，MTAG）框架对此问题进行了扩展。MTAG 能够使用不同表型性状的单独 GWAS 汇总性结果来进行多表型联合分析。通过这种对多个性状的联合分析，MTAG 能够提高检测每个性状遗传关联的统计力。MTAG 的主要优点在于：（1）可以直接应用于任何数量性状的 GWAS 汇总统计，而无需使用个体层面的基因数据；（2）所使用的 GWAS 汇总性数据可以存在样本重叠，不需要独立样本，因为 MTAG 会通过双变量连锁不平衡评分回归调整样本重叠可能带来的误差；（3）MTAG 可以计算对于特定表型每一个 SNP 的效应量估计值；（4）计算速度快，每一步都有封闭解（closed-form solution）。MTAG 的局限性在于，当一个 SNP 只对第一种表型起作用而对第二种表型不起作用时（即真实效应值为 0），MTAG 会对该 SNP 在第二种表型中的效应值估计产生偏差（即估计出的效应值偏离 0），造成假阳性。

4.7　小结

尽管过去 15 年间，GWAS 的研究数量和性状都呈爆炸式增长，但仍存在样本人群缺乏多样性等问题。大多数 GWAS 相关研究主要集中在欧洲血统人群，但已有研究表明，罕见和低频的变异往往是特定人群或样本。截至 2019 年，在已发表 GWAS 研究中，绝大多数参与者（大于 78%）是欧洲族裔，其中 71.8% 的参与人居住在美国、英国和冰岛三个国家，而其他族裔人群的样本量显著不足。例如亚洲人占世界人口的 60%，但在 GWAS 研究样本中仅占约 10%。这是未来 GWAS 发展要重点面对的一个挑战。组建类似于英国生物银行（UK Biobank）的大型队列研究（cohort studies）数据集是一个有前景的解决方式。此外，一些研究人员也开始认识到，一味追求更大的 GWAS 样本量已经达到了收益递减的程度，现在应该把 GWAS 研究重点从单纯扩大样本量、发现更多位点转移到对已识别位点生物学功能的更深入理解上来。第 11 章、第 12 章将对本章介绍的基因数据质量控制、哈温平衡检验、GWAS 等内容的 PLINK 上机操作进行详细介绍。

第 5 章

分子水平量化个体社会经济行为：
多基因评分的构建

5.1 多基因评分的概念

多基因评分（polygenic scores，PGS），也被称为多基因风险评分（polygenic risk scores，PRS；多用于讨论疾病表型时）、多基因指数（polygenic index，PGI）等。它是与特定表型性状（包括行为、特征或疾病）相关的有效等位基因效应值的加权和，可用于估计一个人出现某种行为特征或罹患某种疾病的风险。

多基因评分的概念最早在 2007 年被提出，其设计思路与选择性植物和动物育种中的估计育种值（estimated breeding values）的概念相类似。2009年，研究人员进行了一项关于精神分裂症（schizophrenia）和双相情感障碍症（bipolar disorder）的大型 GWAS 研究并构建出相关多基因评分，这成为第一项成功应用多基因评分的研究。目前为止，绝大多数人类行为特征和健康状况的遗传结构在本质上是多基因性的。这里的"多基因性"是指，这些表型并非由单一或少数几个遗传变体影响和决定的，而是由成百上千的遗传变体共同影响和决定，尽管每个变体对表型的影响都非常小。多基因评分已日益成为遗传经济学及相关领域定量研究范式中最为重要的工具。

多基因评分的构建基于我们在第 4 章介绍的 GWAS 结果。PGS 是整个基因组中与表型相关的等位基因的线性组合，可以由 GWAS 识别出的显著 SNP 位点的效应值加权和得到。因此，PGS 是一个用来衡量相对于总体人群而言，某一个体对某一表型遗传倾向的定量指标。一般而言，单个 SNP对于我们感兴趣的大多数性状来说都是较弱的预测因素。人类复杂行为性状与多种遗传变异相关，同时每个变异的作用又只占很小的比例。PGS 是在整个基因组范围内汇总这些信息的一种好的办法。

简单而言，我们可以把一个人对于特定表型的多基因评分定义为她/他在 J 个基因座上基因型的加权和。即个体 i 关于表型 P 的多基因评分可

以计算为每一个 SNP ($j = 1$, ..., J) 中有效等位基因个数 x_{ij} (取值为 0、1 或 2) 乘以权重 β_j, 再加总求和:

$$PGS_i^P = \sum_{j=1}^{J} \beta_j x_{ij} \qquad (5.1)$$

其中权重 β_j 可以由 GWAS 回归系数得到。这个方程式表明,它是多个 SNP 对表型影响的线性组合。SNP 的影响在这里被假定为是独立的,即不存在基因间的相互作用 (或外显性)。除了这种最常用的加性模型,我们在构建 PGS 时也可以采用隐性或显性模型。

遵循中心极限定理 (central limit theorem,CLT),多基因评分一般呈正态分布。中心极限定理是概率论中讨论随机变量和的分布以正态分布为极限的一组定理;指的是任何独立同分布的随机变量序列,不论它本身的分布是什么,只要存在有限的差,那么它们的标准化部分和都渐近于标准正态分布;说明了正态分布的普遍性。根据公式 (5.1),多基因评分可以被认为是许多独立遗传信号的总和。因此,当这些独立的随机变量相加时,它们的总和会趋向于正态分布,形成钟形曲线 (bell curve),而与单个变量的原始分布无关。用于构建一个多基因评分的等位基因数量越多,则该多基因评分与正态分布的近似程度也就越高。

5.2 多基因评分的预测力

构建 PGS 时首先需要明确的是所包含的遗传变异体的数量以及如何加权它们的影响。最常用的方法是直接采用最小二乘法预测值。对于遗传变异的选择,研究人员一般会选择 GWAS 显著 SNP 位点 (即 GWAS 结果中 p 值小于 5×10^{-8} 的位点);但也可以选择所有 SNP (依据 Fisher 的无穷小模型),或是选择介于二者之间的部分 SNP 位点。选择的标准取决于表型和所应用的类型。一般认为较严格的 p 值阈值更适合于非多基因性状,而较宽松的 p 值阈值对于多基因性状表现更好。然而,试图涵盖更多 SNP 位点所形成的一个挑战是,虽然在分析中包括更多的遗传变异会增加预测力,但同时也会增加潜在的非因果变异所带来的"噪音"和误差,这就要求研究人员根据研究需要进行权衡取舍。

PGS 的预测力（prediction）一般是指其在回归中的 R^2 值，也就是回归模型中 PGS 所能解释的表型方差比例。换句话说，与基线模型（baseline model）相比，当我们将 PGS 新加入模型时，R^2 值的增量是多少，这个值可以被理解为 PGS 的预测力。需要注意的是，当我们测算 PGS 的预测力时，所使用的数据必须是独立样本，即与之前进行 GWAS 的原始发现样本（discovery sample）之间不能存在重合。否则会产生过拟合（over-fitting），使得预测力被高估。

例如 Okbay 等（2022）在第四轮受教育程度 GWAS 研究（EA4）中构建了最新的受教育程度多基因指数（PGI）。他们就采用了 R^2 增量来衡量受教育程度多基因指数的预测准确性，即当受教育程度 PGI 作为协变量加入到表型对一组基线控制变量（包括性别、出生年份等）的回归中时，R^2 的增加值。结果发现使用全基因组显著性 SNP 位点构建的 PGI 在 Add Health 独立样本中的 R^2 增量为 9.1%，在 HRS 独立样本中为 7.0%。

在计算目标样本的 PGS 时，一般需要考虑目标样本的人群和族裔特征是否与 GWAS 原始发现样本中类似。正如第 4 章中所讨论的，目前为止的大多数 GWAS 都是基于欧洲人群，由于等位基因频率、连锁不平衡和遗传结构的差异，这些结果很可能不能直接应用于构建其他人群的 PGS。Martin 等（2017）发现多基因评分在预测欧洲人群的常见病风险方面要明显优于非洲人群。Duncan 等（2019）发现，相较于欧洲样本（100%），多基因评分的预测有效性在非洲人群和南亚人群中分别只有 42% 和 60%，但在东亚人群中可达到 95%。这对于我国的研究人员而言是一个好消息，意味着直接采用欧洲人群 GWAS 结果所构建的 PGS 偏差较小。

此外，我们在第 4 章讨论了 GWAS 研究对于亲属关联、人群分层问题的质量控制，其目的之一也是减小对 PGS 预测力的估计偏误。Wray 等（2013）报告了未能从样本中剔除相关个体或通过各种人口分层主成分控制时，R^2 值的膨胀和高估现象。例如，在使用弗雷明汉心脏研究（Framingham Heart Study，FHS）数据分析身高 PGS 的预测有效性时，如果具有亲属关联的个体被纳入分析样本，则 R^2 值会从 0.15 膨胀到 0.25。

在一些研究中，PGS 的预测准确度也可以用 AUC 值来衡量。AUC

(area under curve) 被定义为 ROC 曲线下与坐标轴围成的面积。ROC（receiver operating characteristic）曲线又被称为接受者操作特征曲线，最早应用于雷达信号检测领域，用于区分信号与噪声，后被广泛用于评价模型的预测能力。AUC 值能够量化地反映基于 ROC 曲线衡量出的模型预测性能，因此可以用于评价 PGS 对表型的预测准确性。AUC 的取值范围是从 0.5（随机预测）到 1（完美预测），AUC 值越接近于 1，说明预测效果越好。当我们根据 AUC 值来判断预测模型的优劣时，通常以 0.75 作为最低标准，即 AUC 值高于 0.75 的 PGS 预测模型被认为预测准确度较高，具有实用价值。Khera 等（2018）的研究构建了关于冠状动脉疾病的 PGS，在测试数据中的 AUC 值达到 0.81，说明该 PGS 的预测准确度较高。

5.3 共享遗传结构与基因多效性

对于复杂行为性状的表型而言，单一性状的 PGS 通常会与多种表型相关联，即不同表型之间存在共享遗传结构（shared genetic architecture）。在构建或使用特定 PGS 时，我们需要对此有所了解。例如，影响受教育程度、认知能力、非认知能力、大脑皮层总面积等表型的遗传变异中均存在不同程度上的相互交织和重叠。换句话说，这些表型会受到一个或多个相同 SNP 的影响，遗传结构并不独立；而能够同时影响多个表型的基因或 SNP 被认为具有多效性。

基因多效性（pleiotropy）被定义为一个基因或 SNP 位点能够影响多个表型性状的现象，其英文拼写源自希腊语中的 *pleion* 和 *tropos*，前者是指更多的，后者是指方式。因此，多效性基因是指那些对表型有多种影响的基因。如果突变发生在一个多效性基因上，那么多种表型会同时受到影响。这归因于多效性基因所生成的产物可以被人体内不同细胞所使用，或是同一基因编码能够在不同细胞或目标组织中产生不同的信号功能。

基因多效性的概念最早可以追溯到孟德尔 1866 年的豌豆遗传实验。但直到 1910 年，德国遗传学家 Ludwig Plate 才正式描述和定义了"多效性"这一术语。目前，学界普遍认为基因多效性是普遍存在的，一些学者也由此提出了全基因模型（omnigenic model）或全基因假说（the omnigenic hypothesis）。Chesmore 等（2018）考察了 GWAS Catalog 数据库中包含的1094种表型和 14 459 个基因，发现其中高达44%的基因与一个以上的表型性状相关，证实了基因多效性的普遍性。对于特定位点的多效性，可以在 GWAS Catalog 网站（https://www.ebi.ac.uk/gwas/）、Ensembl 基因组信息库（https://www.ensembl.org/）等在线数据库查询。以 rs1229984 *ADH1B* 为例，GWAS Catalog 和 Ensembl 数据库的检索结果显示（详见图5-1），除了本身所编码的乙醇脱氢酶能够直接影响人体内的酒精代谢程度，rs1229984 还被报道与个体的风险承担倾向、载脂蛋白 B 水平、罹患食道癌倾向、体型大小等多种表型特征有关。基因的这种多效性对于精准医疗、精准营养、基因组编辑等具有重要意义，但有可能会影响孟德尔随机化结果的有效性，我们将在第 6 章予以讨论。

（a）GWAS Catalog 网站检索 rs1229984 的结果（部分）

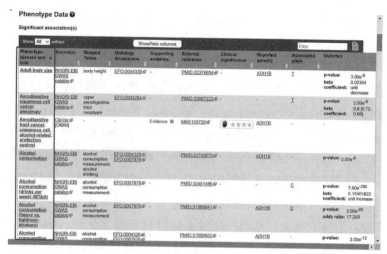

（b）Ensembl 数据库检索 rs1229984 的结果（部分）

注：方框内为与 rs1229984 相关的不同表型性状。

图 5-1　基因多效性检索结果示例

5.4　遗传相关性与连锁不平衡分数回归

遗传相关性（genetic correlation）是对一对性状之间共享的加性遗传效应占比的估计。遗传相关性并不直接意味着因果关系。此外，虽然一些表型在遗传上也是高度相关的，但表型相关性也并不自动意味着遗传相关性。对于遗传相关性，我们感兴趣的是两个表型相关的性状之间是否共享相同的基因？如果是，那么共享程度有多少？

由此可见，遗传相关性是量化复杂行为性状之间整体遗传相似性的信息指标，可以帮助我们深入了解其中的多基因遗传结构。我们可以用连锁不平衡评分回归得到遗传相关性估计值。

连锁不平衡分数回归（linkage disequilibrium score regression 或 LD score regression，LDSC 或 LDSR）最早由 Bulik-Sullivan 等人于 2015 年提出。通过单变量或单表型 LDSC 回归（univariate LD score regression）可得到遗传力的估计值，而双变量或双表型 LDSC 回归（bivariate LD score regression）则可得到遗传相关性的估计值。连锁不平衡分数回归的一个显著优点在于

它使用的是特定表型的 GWAS 汇总数据，这就很好地突破了由于隐私等原因所导致的个人基因型和表型数据使用限制。我们将在第 15 章介绍如何使用 LDSC 软件进行连锁不平衡分数、遗传力、遗传相关性等指标的计算。

根据 Bulik-Sullivan 等（2015a、2015b）和 Lee 等（2018）的研究，双变量 LDSC 回归可以基于 GWAS 回归结果中的回归系数和统计检验量等进行。假设表型 A 和表型 B 之间具有非零遗传相关性，表型 A 和表型 B 的 GWAS 结果中 SNP 的 Z 值分别用 Z_A 和 Z_B 表示。关于表型 A 和表型 B 的线性模型可以表示为：

$$y_A = \alpha_A X_A + \varepsilon_A \tag{5.2}$$

$$y_B = \alpha_B X_B + \varepsilon_B \tag{5.3}$$

其中 y_A、y_B 为经过标准化的表型变量；X_A、X_B 为经过标准化的基因变量；α_A、α_B 是线性回归的系数，代表基因对表型的平均影响；ε_A、ε_B 为非遗传残差。令 h_A^2、h_B^2 分别为表型 A 和表型 B 的遗传力估计值（可以通过单变量 LDSC 回归获得）。由此，遗传相关性可以被定义为：

$$r = \frac{\alpha_A' \, \alpha_B}{\sqrt{h_A^2 \, h_B^2}} \tag{5.4}$$

在单一 GWAS 中，一个给定 SNP 效应值大小包含了与该 SNP 存在连锁不平衡（即 LD）的所有 SNP 的总效应，因此对于一个多基因表型性状而言，一个高 LD 评分的 SNP，相比于低 LD 评分的 SNP，总体上也会有较高的卡方（χ^2）检验统计量。当我们用 2 个具有非零遗传相关性表型性状 GWAS 研究的 Z 值乘积（即 $Z_A \cdot Z_B$）来代替单个研究中的 χ^2 统计量时，该关系仍然成立，因此有：

$$\mathbb{E}(Z_{A,\,k} \cdot Z_{B,\,k}) = \frac{\sqrt{N_A \, N_B}}{M} \cdot l_k \cdot \rho_{gene} + \frac{\rho_{pheo} \cdot N_{overlap}}{\sqrt{N_A \, N_B}} \tag{5.5}$$

其中 $Z_{A,\,k}$ 是表型 A 的 GWAS 结果中第 k 个 SNP 的 Z 值，$Z_{B,\,k}$ 是表型 B 的 GWAS 结果中第 k 个 SNP 的 Z 值；N_A、N_B 为表型 A 和表型 B 的 GWAS 样本量；M 为 SNP 总数；$N_{overlap}$ 为表型 A 和表型 B 的 GWAS 重叠样本数量；ρ_{pheo} 为重叠样本中的表型协方差（phenotypic covariance）；l_k 是第 k 个 SNP 的连锁不平衡分数，即 LD 分数；ρ_{gene} 为表型 A 和表型 B 的遗传协方差

（genetic covariance），包含了我们感兴趣的表型 A 和表型 B 遗传相关性信息。根据式（5.5），我们可以将 $Z_A \cdot Z_B$ 作为因变量、LD 评分作为自变量进行回归，并由斜率获得遗传相关性的估计值。

可以看出，连锁不平衡分数回归的本质是线性回归，其输入数据为 GWAS 的分析结果，回归的自变量为特定 SNP 位点的 LD 评分。除了估计遗传相关性外，LDSC 还可以用于估计遗传力和混杂因子的影响。但仅使用 GWAS 层面的信息容易造成一定程度上的精度损失，这也是 LDSC 的主要局限性之一。

5.5 利用多基因评分进行因果识别

对于遗传经济学研究人员而言，特定复杂行为特征的 PGS 可以作为标准的连续变量被纳入到计量经济学回归模型中。一些研究已显示，即使在相对较小的样本中（$N < 1000$），PGS 也具有良好的表现。在本节中，我们简要探讨 PGS 的一些核心应用，它们将有助于因果识别的建立。最常用的应用包括对遗传混杂的控制以及孟德尔随机化法。

在回归分析中，我们一般感兴趣的是主要自变量或外生政策冲击如何影响结果变量。以母亲受教育程度（X）如何影响子女成年后的收入（Y）为例，不难看出，观测到的母亲受教育程度变量存在内生性，它和子女收入之间的关联存在干扰。这种干扰可以进一步被分解为：（1）环境干扰，例如母亲本身的家庭背景或资产积累情况会同时影响母亲（第二代）的受教育程度以及她的子女（第三代）成年后的收入，这种后天干扰对于经济学家而言并不陌生；以及（2）遗传干扰，例如认知能力基因会影响母亲的受教育程度，而这些基因又是可遗传的，因此也会影响子女在劳动力市场的表现以及收入。如图 5-2 所示，我们将第二种情况称为遗传混杂（genetic confounding），即遗传因素会同时对 X 和 Y 产生影响。与环境或后天混杂因素类似，遗传混杂也会使得 X 和 Y 之间产生非因果性关联。

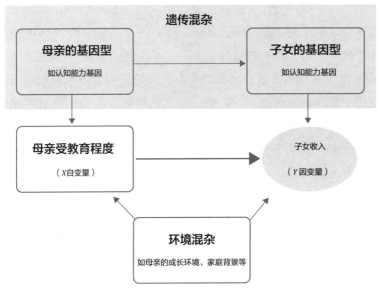

图 5-2　回归分析中的混杂因素

　　因此，利用 PGS 识别因果效应的第一个办法，是可以在已有模型中加入多基因评分作为自变量，以控制潜在的遗传混杂因素。大量家族和分子遗传学研究都已表明，许多行为特征的遗传影响是共同的。尽管其共同影响的机制仍未阐释清楚，但它们很可能在某种程度上通过直接的基因多效性混淆了表型之间的关联。在上文列举的例子中，一种可能性是，基因混淆了母亲受教育程度表型与子女成年后收入表型之间的关系。表型特征的多基因性使得这一假设的可能性在现实世界中大大提高。从遗传学角度来看，母亲如果位于较高认知能力的遗传倾向（genetic predisposition）谱系中，则更有可能发展为较高受教育程度、较高收入等表型特征，同时也更有可能通过同型婚配结识高学历高收入配偶。通过遗传，其子女会比其他人更容易携带与较高认知能力相关的基因，因此子女也更容易发展成为较高受教育程度和较高收入。由此，母亲受教育程度与子女成年后收入之间的关系就受到遗传基因的干扰，认知能力相关基因至少在一定程度上混淆了母亲受教育程度与子女收入之间的关系。如果不予以考虑，会导致母亲受教育程度对子女收入的影响被高估。为了解决这个问题，我们可以将母亲认知能力多基因评分作为控制变量，纳入到回归模型中，以此消除或最小化遗传混杂带来的结果偏误。此外，得到的母亲认知能力 PGS 回归系数和统计量也可以用于检验遗传混杂问题在这个例子中是否存在。

运用 PGS 识别因果效应的第二个办法，是采用孟德尔随机化法。正如我们在第 1 章所简要阐述的，孟德尔随机化法可以作为随机对照试验的近似替代设计方法。根据孟德尔遗传定律，父母的遗传信息在形成配子时会进行随机分配，因此子女是否携带特定基因可以被看作是一种天然的随机化过程。假如回归分析中某一表型特征 X 对于表型结果变量 Y 而言存在内生性，则我们可以构建 X 相关基因组成的多基因评分，并将这一 PGS 作为 X 的工具变量，利用孟德尔随机化法进行因果识别。Wang 等（2020）考察了我国劳动力市场中的"身高溢价"现象，即个子高的人为什么收入更高？如图 5-3 所示，作者所研究的自变量是劳动者的身高，因变量是劳动者的收入，由于二者之间存在内生性问题，作者构建了劳动者身高的多基因评分作为工具变量，采用两阶段最小二乘法考察了身高与收入之间的因果关联，并检验了潜在的影响途径。需要指出的是，在利用 PGS 作为工具变量的过程中需要特别注意 PGS 的基因多效性。基因多效性的存在有可能会导致过度识别检验的失败，使得 PGS 的工具变量有效性不成立。因此，在孟德尔随机化法分析中，我们在构建 PGS 工具变量时通常会采用 p 值较低、即更为严格的阈值。我们将在第 6 章对孟德尔随机化法的相关问题进行更详细的讨论。

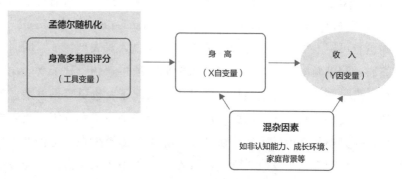

图 5-3　PGS 作为工具变量

5.6　当前所构建的多基因评分的局限性与研究展望

我们在第 3 章曾对"缺失的遗传力"现象进行了简单讨论。缺失的遗传力是指来自双生子研究估计的相对较大的遗传力与 GWAS 遗传力估计值之间的差异，即 h_{family}^2 和 h_{GWAS}^2 的差值。而隐藏的遗传力（hidden heritability）是指基于 SNP 的遗传力估计值与 GWAS 遗传力估计值之间的差异，即 h_{SNP}^2 与 h_{GWAS}^2 的差值。由于已识别的 SNP 位点只能解释遗传力的一部分，因此出现了一系列研究，考察非加性遗传效应、上位效应、基因—环境相互作用以及罕见遗传变异等因素在其中的作用。

上位效应（epistasis 或 epistatic effects）是指一个基因或者基因座在表型上的体现，依赖于其他基因或基因座；是除了加性效应和显性效应外不同位点的基因相互影响所引起的另一种效应。上位效应强调的是不同基因位点的非等位基因之间相互作用产生的效应，其中一对基因会对另一对基因产生抑制或掩盖作用。当上位效应存在时，原本的显性隐性规律会不起作用。分析基因间的上位效应被认为是研究复杂行为性状遗传机制、解释缺失和隐藏遗传力现象的重要手段之一。

由于大多数 GWAS 所采用的基因芯片都收集的是常见遗传变异信息，因此目前所构建的 PGS 也基于常见遗传变异，缺少罕见变异体（rare variants）信息。然而，一些疾病和行为性状的出现很可能由低频或罕见变异决定，且与常见 SNP 位点的连锁不平衡程度较低，现有的 PGS 未能捕捉和涵盖这部分重要信息。随着全基因组测序成本的下降，越来越多的大规模全基因组和全外显子组测序研究正发展成为新的研究热点。PGS 中低频和罕见位点的纳入将能够有效解决这一局限性。

虽然多基因评分的形成机制需要较高的遗传学专业背景，但对于大部分经济学和社会科学研究人员而言，所要做的主要工作是将 PGS 变量作为自变量或工具变量纳入回归分析中，以帮助我们进行更好的因果识别。HRS（网址为 https：//hrs. isr. umich. edu/data - products/genetic - data/products/）、Add Health（网址为 https：//addhealth. cpc. unc. edu/documentation/

codebooks/）等大型社会经济调查已经开始为研究人员提供清理好的多基因评分数据，如受教育程度 PGS、生育偏好 PGS、认知能力 PGS、身高 PGS、体重 PGS 等。一些主流经济学学术期刊也已发表了多篇多基因评分的应用性研究，如 Willage（2018）、Barth 等（2020）。尚有许多未知领域等待研究人员去探索。

第 6 章

最"天然"的随机化实验：
孟德尔随机化法

6.1 孟德尔随机化法的起源与发展

正如我们在前文中所提到的,孟德尔随机化法(Mendelian randomization,MR)是一种利用非实验数据中的遗传变异来推断自变量对结果变量因果效应的分析手段。MR 虽然最早被应用于遗传流行病学(genetic epidemiology)研究中,以识别暴露(exposure)变量对疾病结果(outcome)变量的因果影响,但实际上源自计量经济学分析中的工具变量模型。遗传流行病学中的"暴露"可以是体重、生活习惯、饮食模式、生活环境或任何其他可能影响结果的风险因素,相当于经济学研究中的自变量、主要解释变量、环境和政策变化等。当 X 与 Y 之间存在内生性时,暴露即为计量经济学模型中的内生变量(endogenous variable)。简单来说,遗传变异体或基因变量在孟德尔随机化过程中,实际上扮演的是经济学家们所熟悉的工具变量(instrumental variable,IV)的角色。表 6-1 总结了常用术语在计量经济学与流行病学中各自的通用说法,望读者悉知。

表 6-1 常用术语在计量经济学与流行病学中的通用说法总结

计量经济学(Econometrics)	流行病学(Epidemiology)
自变量(independent variable)	暴露(exposure)
因变量(dependent variable)	结果(outcome)
内生的(endogenous)	混杂(confounded、confounding)
外生的(exogenous)	未混杂的(unconfounded)
工具变量(instrumental variable、instrument)	
控制变量、协变量(regressors,control variables,covariates)	

当达尔文在 1859 年首次提出进化论时,存在的主要问题之一是缺乏对遗传机制的阐述。1866 年,孟德尔提出了分离定律和独立分配定律,这两

条定律被概括为"孟德尔遗传定律",而这正是"孟德尔随机化"这一名称的由来。20 世纪初,进化论与孟德尔遗传定律通过现代演化综论(the modern synthesis,也被称为现代进化综论、现代达尔文主义等)被结合到一起。到目前为止,我们的大多数研究集中在讨论基因型和表型之间的相关关系上。但相关性不一定意味着因果关联。识别因果关系也是包括经济学在内的许多领域研究中最令人困扰的问题之一。虽然描述性分析、定性分析、分类、关联分析等也很重要,但究其核心,科学研究的最终目标仍然是对深层次因果关系的揭示。可以说,因果推断是一切科学研究的核心目标。

经济学家对于影响因果关系判断的主要阻力——内生性(endogeneity)问题,已经有了十分深入的研究。在任何一本计量经济学教材中,对内生性来源的解释都包括反向因果关系(reverse causality)、遗漏变量偏差(omitted variable bias)以及测量误差(measurement error),我们在此不予赘述。尽管早期的实证经济学研究因缺乏解决内生性问题的有效办法,导致实证研究的结论缺乏可信性。但在近百年的发展历程中,经济学家们已找到了多种解决观察数据中内生性问题的有效办法,如借助自然实验(natural experiment)进行准实验(quasi-experiment)设计、引入双生子和断点回归研究设计、利用工具变量提高因果关系评估的可信性等。幸运的是,遗传基因数据为经济学家的因果推断"工具箱"提供了新"工具"。

孟德尔随机化设计的概念最早由荷兰瓦赫宁根大学人类营养学系的马丁·卡坦(Martijn Katan)在夏威夷一个多雨的海滩上构想出来,随后发表在 1986 年《柳叶刀》(Lancet)杂志上,是一篇 450 字的短评。卡坦在该评论中提出,如果研究人体内胆固醇水平对癌症的因果影响在技术上太过困难而令人绝望,为什么不转而研究与胆固醇水平相关的基因变异呢?1991 年,Richard Gray 和 Keith Wheatley 第一次提出和使用了"孟德尔随机化"这一术语,并将该方法描述为一种在不进行随机对照试验的情况下获得因果效应无偏估计量的方法。

但受到基因数据可及性等技术发展的限制,孟德尔随机化法的应用一直处于"休眠"状态。直到 2003 年,英国布里斯托大学的 George Davey Smith 和 Shah Ebrahim 在《国际流行病学杂志》上发表了《孟德尔随机化:

遗传流行病学是否有助于理解疾病的环境决定因素?》一文，对孟德尔随机化法进行了更为详细的描述、解释、应用和完善，使得这一方法真正走入学界视野。但 George Davey Smith 和 Shah Ebrahim 在该文中主要关注的是基于基因多态性而划分的处理组和控制组结果变量之间的差异，并未明确指出遗传基因可以作为工具变量。

　　2004 年，美国南加州大学的 Duncan Thomas 和 David Conti 在评论性文章中指出，MR 的核心设计概念虽然在遗传流行病学领域很新颖，但事实上与菲利普·莱特（Philip G. Wright）于 1928 年就提出的"工具变量法"高度一致，早已是经济学研究中的"常客"。菲利普·莱特是美国经济学家，他在 1928 年出版的《动植物油关税》(*The Tariff on animal and Vegetable oils*)（见图 6-1）一书中首次使用工具变量的理念估计了关税对于动植物油价格的影响。也有学者通过考证，认为休厄尔·莱特（Sewall G. Wright，美国遗传学家，菲利普·莱特之子）参与了该书的写作。但可以看出，无论如何，孟德尔随机化法的出现和发展历程始终充满了经济学与遗传学的交融；也是继达尔文的进化论和马尔萨斯的人口论之后，社会科学和自然科学的又一次成功交汇。

图 6-1　菲利普·莱特 1928 年出版的《动植物油关税》

6.2　孟德尔随机化法（MR）与随机对照试验（RCT）

　　科学研究中识别因果关系的理想策略和"黄金准则"是随机对照试验（randomized controlled trial，RCT）。在 RCT 中，研究对象被随机分为处理组（treatment group，也被称为干预组）和对照组（control group）。研究人员会对两组进行不同的干预，但两组除了所接受干预的不同，其他方面没有区别。这样，两组结果之间的统计差异就可以完全归因于干预的实施或所研究要素的差异，因为其他已知或未知的因素（即混杂因素）对两组的影响是相同的。RCT 最初被应用于实验科学中，如医学、生物学、化学等领域。20 世纪 90 年代起，美国经济学家阿比吉特·班纳吉（Abhijit Banerjee）、埃丝特·迪弗洛（Esther Duflo）、迈克尔·克雷默（Michael Kremer）等逐渐开始将 RCT 应用于发展经济学研究中，在非洲、印度、印度尼西亚等地进行了一系列关于教育、健康、减贫等领域的研究，取得了重大研究成果，并因此获得了 2019 年的诺贝尔经济学奖。但在更多的经济学现实研究中，由于资金、时间以及伦理道德等因素的限制，RCT 仍难以适用。例如，在劳动经济学领域，RCT 依然无法评估最低工资、移民及教育政策对就业和收入的影响；在健康经济学领域，RCT 也难以评估吸烟或酗酒等高风险行为对于劳动力市场表现的因果性影响。

　　孟德尔随机化法与 RCT 的核心设计十分相似（图 6-2）。孟德尔曾在他的豌豆杂交实验论文中写道：

　　在杂交结合中，每一对分化特征的组合行为都独立于两株亲本植物之间的其他差异，而且，杂交产生的卵细胞和花粉细胞的种类与可能存在的恒定组合形式一样多。

　　简而言之，这表明一种性状的遗传是独立于其他性状的遗传的。独立分配定律和个体基因型的随机分配奠定了孟德尔随机化法分析的基础——即基因变量作为工具变量的有效性。回顾我们在第 2 章关于基因重组的讨论，减数分裂过程中发生重组时的基因"随机洗牌"就类似于 RCT 中对研

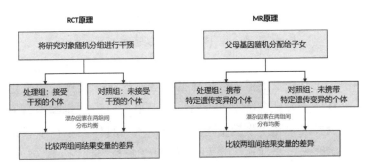

图 6-2　RCT 与 MR 研究设计对比

究对象的随机分组。图 6-3 以单核苷酸多态性 rs671 *ALDH2* 为例，简单解释了基因型是如何由父母到子代进行随机分配的。图中母亲 rs671 *ALDH2* 的基因型为 GG，父亲的基因型为 AG，各具有两个等位基因；其中 A 为有效等位基因，决定了个体的酒精代谢功能。配子形成时，父母将自己两个等位基因中的一个传给子代的机会是均等的；理论上，子女有 50% 的概率会携带 1 个有效等位基因 A。从这个意义上而言，基因重组也是一种自然实验，研究人员能够据此进行因果推断。

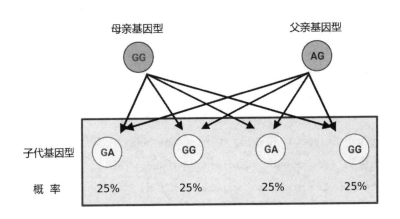

图 6-3　rs671 *ALDH2* 在基因重组时发生随机分配

6.3 孟德尔随机化法的分类

按照作为工具变量的遗传变异体的个数来区分，孟德尔随机化法可以采用单一工具变量或是多个工具变量。使用单一遗传变异体作为工具变量时，该遗传变异通常与内生变量之间有着强烈而具体的生物学联系。另一些情况中，研究人员会使用大量相关的遗传变异体来评估复杂（内生性）行为变量对结果变量的因果作用。有时，即使某一内生变量具有大量相关遗传因素，研究人员也可以选择使用这些遗传变异体中的一个子集，来评估内生行为变量对结果的因果影响。

根据所使用数据集的特点，孟德尔随机化法还可以分为单样本 MR（one-sample Mendelian randomization）和双样本 MR（two-sample Mendelian randomization）。单样本 MR 的分析是基于个人层面数据，也是最为常见的 MR 类型，其中遗传变异体、内生变量、结果变量、控制变量等都是以个体为单位测量和收集而成。

与此不同，在近年来新发展出的双样本 MR 中，数据集有两个来源：其中遗传变异和内生变量的关联（variant-exposure associations）在第一个数据集中被估计，而遗传变异和结果变量的关联（variant-outcome associations）会在另一个数据集中被估计（见图 6-4）。因此，双样本 MR 大多是基于 GWAS 结果中的汇总数据而进行的。有意思的是，利用汇总数据的双样本 MR 的发展同样受到一系列计量经济学文献的启发，包括由著名经济学家约书亚·安格里斯特（Joshua Angrist）、艾伦·克鲁格（Alan Krueger）、井上笃（Atsushi Inoue）和加里·索伦（Gary Solon）等提出并发展的双样本工具变量法（two-sample instrumental variable，TSIV）、双样本最小二乘法（two-sample two-stage least squares，TS2SLS）等。

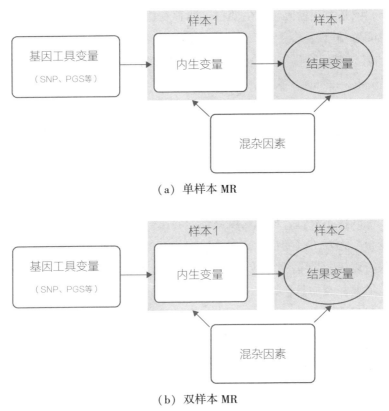

（a）单样本 MR

（b）双样本 MR

图6-4　单样本与双样本孟德尔随机化法比较

6.4　孟德尔随机化法中的工具变量

不难看出，应用孟德尔随机化法的关键是找到一个或多个与内生变量（或暴露）相关的遗传变异，但这些遗传变异不能直接影响结果变量，也不能与任何其他影响结果的风险因素相关。这意味着遗传变异与结果变量的任何关联都必须通过遗传变异与内生变量间的关联来实现，因此意味着暴露变量对结果变量的因果影响。换句话说，孟德尔遗传定律是基因变量可以作为工具变量的必要条件，但并不是充分条件。

具体而言，为了使遗传变异体或基因变量能够作为有效的工具变量被应用于估计因果效应，必须满足以下三个条件：

（i）该基因变量应与内生变量之间存在稳健的相关性，即满足相关性（relevance）假设；

（ii）该基因变量与其他混杂因素（或遗漏变量）相互独立，即满足独立性（independence）假设；

（iii）该基因变量只可通过内生变量对结果变量产生作用，不能直接影响或通过混杂因素等其他途径影响结果变量，即满足排他性约束（exclusion restriction）。

相关性假设保证了由遗传变异体定义的遗传亚群会有不同的暴露水平，确保了亚组之间存在系统性差异。如果一个遗传变异体与内生变量或暴露的关联性不够强，那么它就被称为弱工具变量（weak instrument）。弱工具变量与无效工具变量（invalid instrument）的不同之处在于，弱工具变量一般可以通过收集更多数据、扩大样本量而变得更强或成为强工具变量。但需要注意的是，如果一个单一遗传变异体是一个弱工具变量，它仍然可以对没有因果效应的零假设进行有效检验，但检测真正因果效应存在的统计力可能会很低。由于等位基因在配子形成过程中随机分离和组合，这一过程并不会受环境等后天因素的影响，这一特性为遗传变异体与混杂因素的独立性假设提供了理论基础。基因多效性的存在会影响基因工具变量的排他性约束，我们将在第6.6节予以进一步讨论。

总的来看，这三条假设确保了从基因工具变量到结果变量的唯一途径是通过内生变量。换句话说，基因工具变量不能直接影响结果变量，也不存在除内生变量以外的任何其他途径使得基因工具变量能够影响结果变量。在孟德尔随机化法分析中，好的基因工具变量是进行因果推断和保障MR结果准确性的基石，需要我们结合经济学、遗传学等跨学科知识进行综合研判。在MR实证研究中，研究人员可以通过基因工具变量筛选、无效工具变量检验、敏感性分析、稳健性检验等手段，从多个角度验证基因工具变量的有效性。

6.5 MR 框架下的工具变量估计值和两阶段最小二乘法估计值

在实证研究中，孟德尔随机化法可以通过工具变量回归（instrumental variable regression）和两阶段最小二乘法（2SLS）来实现。计量经济学分析中采用的经典工具变量包括出生季度、随机摇号、自然地理障碍等。在MR 框架下，基因变量也可以作为工具变量回归中的工具变量。假如基因工具变量 G 与内生变量 X 之间有因果关联，但与遗漏变量之间没有关联，那么我们可以只关注内生变量 X 中由 G 所产生的那部分方差，并检验这部分方差是否导致结果变量 Y 产生差异。如果检验结果是肯定的，则表明 X 与 Y 之间存在因果关联。

考虑一个简单的线性回归模型：

$$Y = \beta_0 + \beta_1 X + u \tag{6.1a}$$

其中 X 与误差项 u 相关，$Cov(X,\ u) \neq 0$，即 X 存在内生性，运用最小二乘法（OLS）无法直接识别 Y 与 X 之间的因果关联。式（6.1a）也可写为矩阵形式：

$$Y = X\beta + u \tag{6.1b}$$

假设现在有 1 个可被测定的基因变量 G（G 可以是一个遗传变体，也可以是一个多基因评分），若满足：

(1) G 与 X 相关，即 $Cov(G,\ X) \neq 0$； $\qquad$ (6.2a)

(2) G 与 u 不相关，即 $Cov(G,\ u) = 0$； $\qquad$ (6.2b)

则 G 可以作为 X 的基因工具变量。

在求解工具变量回归估计量（$\widehat{\beta^{IV}}$）的过程中，给定一个来自总体的随机样本（样本量$=n$），可以先用最小二乘法将内生变量 X 对于基因工具变量 G 进行回归，得到回归系数 $\widehat{\beta_{X|G}}$；再用 OLS 将结果变量 Y 对于基因工具变量 G 进行回归，得到回归系数 $\widehat{\beta_{Y|G}}$。则工具变量回归估计值可以写为：

$$\widehat{\beta}^{IV} = \frac{\widehat{\beta}_{Y|G}}{\widehat{\beta}_{X|G}} = \frac{(G'G)^{-1}G'Y}{(G'G)^{-1}G'X} = (G'X)^{-1}G'Y \tag{6.3}$$

当 G 为二元虚拟变量时（即仅取值为 0 或 1），工具变量估计值可进一步简化为瓦尔德估计值（Wald estimator）：

$$\widehat{\beta}^{Wald} = \frac{\bar{Y}_{G=1} - \bar{Y}_{G=0}}{\bar{X}_{G=1} - \bar{X}_{G=0}} \tag{6.4}$$

将式（6.1b）代入式（6.3），得到：

$$\begin{aligned}\widehat{\beta}^{IV} &= (G'X)^{-1}G'[X\beta + u] \\ &= (G'X)^{-1}G'X\beta + (G'X)^{-1}G'u \\ &= \beta + (G'X)^{-1}G'u \\ &= \beta + (n^{-1}G'X)^{-1}n^{-1}G'u\end{aligned} \tag{6.5}$$

可见工具变量估计值满足渐近一致性（consistency）的条件是：

$$plim(n^{-1}G'X) \neq 0 \tag{6.6a}$$
$$plim(n^{-1}G'u) = 0 \tag{6.6b}$$

而假设条件（6.2a）和（6.2b）恰好可以使得式（6.6a）和（6.6b）得到满足。此时，$\widehat{\beta}^{IV}$ 是关于平均因果效应（average causal effect）的一致估计量，且方差矩阵为：

$$\widehat{Var}^{IV} = (G'X)^{-1}G' \cdot Diag[\widehat{u}_i^2] \cdot G(G'X)^{-1} \tag{6.7}$$

当我们有多个基因工具变量时，我们可以在 MR 框架下采用两阶段最小二乘法进行估计。假设现在有 2 个可被测定的基因变量 G_1 和 G_2，且 G_1 和 G_2 都满足相关性假设和排他性约束，则 G_1 和 G_2 都可以作为 X 的基因工具变量。

在求解两阶段最小二乘法估计值的过程中，可以先用 OLS 将 X 对于基因工具变量进行一阶段回归，获得拟合值 $\widehat{X}$；在第二阶段中，将 Y 对于拟合值 $\widehat{X}$ 进行回归，获得两阶段最小二乘法估计值（$\widehat{\beta}^{2SLS}$）。令 $\mathbb{Z} = [G_1, G_2]$，得到：

$$\widehat{\beta}^{2SLS} = [X'\mathbb{Z}(\mathbb{Z}'\mathbb{Z})^{-1}\mathbb{Z}'X]^{-1}[X'\mathbb{Z}(\mathbb{Z}'\mathbb{Z})^{-1}\mathbb{Z}'Y] \tag{6.8}$$

孟德尔随机化法框架下的工具变量回归和两阶段最小二乘法均可以在 Stata（如 ivregress 命令）、R（如 ivreg 软件包）等统计软件中实现。

为了更好地阐明基因工具变量如何被引入 MR 分析中，我们以饮酒行为对劳动收入的影响为例进行说明。饮酒行为如何影响个体在劳动力市场中的表现？该议题一直以来受到健康经济学、劳动经济学等领域研究人员的关注。一方面，国内外实证研究均报告了饮酒与劳动收入之间的正相关关系，如尹志超和甘犁（2010）、Hamilton 和 Hamilton（1997）等。这种收入层面上的 "饮酒溢价" 现象，可能是由于饮酒行为的社交和文化属性所带来的。但另一方面，酒精摄入又被证实与多种疾病（如肝脏损伤、癌症等）患病风险增高密切相关，会损害个体的健康水平，从而对个体的劳动参与率和劳动收入具有潜在的负面影响。因此，由于样本选择、反向因果关系等因素的存在，饮酒行为本身具有内生性，这使得它与收入之间的因果关联存在争议。

如果将是否饮酒看作一个二元变量，将其记为虚拟变量 A_i，我们可以想象有两个潜在的收入变量：

$$\text{潜在结果} = \begin{cases} Y_{1i}, & if\ A_i = 1 \\ Y_{0i}, & if\ A_i = 0 \end{cases} \tag{6.9}$$

这里的 Y_{1i} 是个体 i 喝酒的收入，Y_{0i} 是个体 i 不喝酒的收入。理论上，Y_{1i} 与 Y_{0i} 之间的差别就是个体 i 是否喝酒所带来的因果效应。但在现实世界中，对于同一个个体 i，我们只能观察到 Y_{1i} 或是 Y_{0i} 中的一个，不可能同时两个都观测到。所以我们需要尽可能地观测同一类人饮酒和不饮酒对收入的影响。因此，我们所能够做的是来估计 $Y_{1i} - Y_{0i}$ 的平均值，比如估计喝酒群体中的平均处理效应。由此有：

$$\underbrace{E[Y_i \mid A_i = 1] - E[Y_i \mid A_i = 0]}_{\text{观测到的收入差别}} = \underbrace{E[Y_{1i} - Y_{0i} \mid A_i = 1]}_{\text{饮酒对收入的平均因果效应}} +$$
$$\underbrace{E[Y_{0i} \mid A_i = 1] - E[Y_{0i} \mid A_i = 0]}_{\text{选择性偏差}} \tag{6.10}$$

其中 $E[Y_i \mid A_i = 1] - E[Y_i \mid A_i = 0]$ 为样本中观测到的平均收入差异；$E[Y_{1i} - Y_{0i} \mid A_i = 1]$ 表示饮酒的平均处理效应（average treatment effect），也即饮酒对于个体收入的平均因果效应；$E[Y_{0i} \mid A_i = 1] -$

$E[Y_{0i} \mid A_i = 0]$ 表示饮酒与不饮酒个体在不饮酒情况下收入水平的固有平均差异，即选择性偏差（selection bias）。如果饮酒行为的社交属性在劳动力市场存在，拥有较高职位和收入的个体会有更多场合需要饮酒，则式（6.10）中的选择性偏差为正，单纯比较 $E[Y_i \mid A_i = 1] - E[Y_i \mid A_i = 0]$ 会高估饮酒行为对收入的影响。

我们可以将二元内生变量"是否饮酒"拓展为连续变量的形式，比如每周酒精摄入量，用 $Ethanol_i$ 表示。由于每周酒精摄入量和收入之间的关系因人而异，我们可以写出个体收入的线性函数：

$$Y_i = \alpha + \beta \cdot Ethanol_i + e_i \qquad (6.11)$$

其中 e_i 为误差项，$Ethanol_i$ 存在内生性。假设存在不可观测变量 M_i 与个体收入相关，且 M_i 是 $Ethanol_i$ 与 e_i 相关的唯一原因，我们可以将选择性偏误表达为：

$$e_i = \gamma M_i + \nu_i \qquad (6.12)$$

式（6.11）可改写为：

$$Y_i = \alpha + \beta \cdot Ethanol_i + \gamma M_i + \nu_i \qquad (6.13)$$

并且有 $E[Ethanol_i \cdot \nu_i] = 0$。注意当 M_i 不可观测时，我们无法直接估计式（6.13）中的回归系数 β。

孟德尔随机化法研究设计的关键是对于基因工具变量的选取。这里，由于 $ALDH2$ rs671 基因与个体的酒精代谢水平和饮酒行为密切相关，因此在当前孟德尔随机化框架中可作为酒精摄入量的基因工具变量，解决 $Ethanol_i$ 的内生性问题。且有 $Cov(Ethanol_i, rs671_i) \neq 0$，$Cov(e_i, rs671_i) = 0$。由此可得：

$$\beta = \frac{Cov(Y_i, rs671_i)}{Cov(Ethanol_i, rs671_i)} \qquad (6.14)$$

即回归系数 β 是收入关于 $ALDH2$ rs671 的总体回归方程系数与酒精摄入量关于 $ALDH2$ rs671 的总体回归方程系数之比。

6.6 应对基因多效性和人口分层问题

正如前文中所介绍的，术语"基因多效性"指的是一个基因或 SNP 位点能够影响多个表型性状的现象。基因多效性又可被进一步划分为水平基因多效性（horizontal pleiotropy，可简称为"水平多效性"）和垂直基因多效性（vertical pleiotropy，可简称为"垂直多效性"）。假设有一个遗传变异体 G 能够影响两种不同表型特征，分别是表型 A 和表型 B。如图 6-5 所示，在垂直多效性中，表型 A 和表型 B 本身在生物学上是相关的，因此遗传变异体 G 对表型 A 的影响实际上导致对表型 B 的影响。而在水平多效性的情况下，变异体 G 能够同时作用于表型 A 和表型 B。

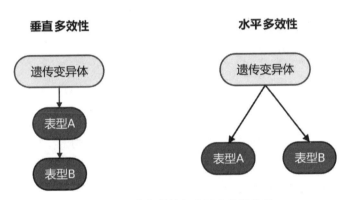

图 6-5　垂直多效性与水平多效性比较

不难看出，如果一个遗传变异体（或多基因评分）存在水平多效性，那么它就有可能通过混杂变量或其他途径影响结果变量，从而降低或丧失基因工具变量有效性。换句话说，水平多效性的存在会违反工具变量的排他性约束假设。垂直多效性通常不会导致基因工具变量失效。一般而言，与采用单核苷酸多态性作为工具变量相比，以多基因评分作为工具变量会更容易受到水平多效性的影响。

在 MR 研究中，对于基因多效性的担忧可以通过基因工具变量筛选、无效工具变量检验、构建基因多效性校正模型、敏感性分析等手段予以缓减和避免。例如在研究设计阶段，研究人员可以选取生物学功能已被充分理解的遗传变异作为工具变量。过度识别检验（overidentification test）等统计方法可以用于检验水平基因多效性的存在。van Kippersluis 和 Rietveld（2018）提出了基因多效性稳健 MR 法（pleiotropy-robust Mendelian randomization，PRMR），可以部分修正基因工具变量的水平多效性或用于敏感性分析。PRMR 的构建同样参考了 Conley 等经济学家于 2012 年提出的放宽工具变量严格外生性假定的近乎外生（plausibly exogenous）工具变量法。

另一方面，由于人口分层的存在，如果所选的基因工具变量或内生变量在不同人群中分布存在固有差异，也可能会使得基因工具变量和内生变量之间产生伪关联（spurious association），违反工具变量的相关性假设。在 MR 中，我们可以通过将研究人群限定在具有相同种族背景的个体中以减轻人群分层的影响。虽然对遗传因素主成分加以控制也可以部分减轻人群分层的影响，但在现有研究框架内，一般不建议在具有大量遗传异质性的人群中使用孟德尔随机化法。

6.7 小结

总的来看，将遗传基因作为工具变量的主要优势在于：（1）个体的遗传变异的决定早于表型结果的产生，这样便排除了由于反向因果关系所带来的混杂偏倚；（2）得益于生物技术的飞速发展，我们对遗传基因的测量精度和准确度也大幅提高，因此相较于传统工具变量，以遗传基因作为工具变量还能够大大降低由于测量误差所带来的估计结果偏倚。

在这一研究领域，方法学也在继续快速发展。除上文中提到的双样本 MR、PRMR 外，还相继产生了 MR-Egger、多变量 MR（multivariable Mendelian randomization）、逆方差加权 MR（inverse-variance weighted Mendelian randomization）等方法，大大拓展了孟德尔随机化法的适用范围和实用性。孟德尔随机化法在因果推断方面的巨大潜力正等待着研究人员进一步发掘。

第 7 章

尼安德特人、农业革命与
人类进化

7.1 智人的伙伴

现代人在分类学中属于灵长目人科人属中的智人种。依照卡尔·林奈（Carl Linnaeus）所创立的用于物种命名的双名法（binomial nomenclature），*Homo* 是人属的属名，由拉丁语法化的名词形成，首字母须大写；*sapiens* 是种加词，为拉丁文中的形容词，首字母不大写；合起来便得到了智人的学名 *Homo sapiens*，在出版印刷时应以斜体表示。

灵长类的演化史可追溯到距今 6500 万年，一直演化到 230 万至 240 万年前的非洲，这里的"人属"从南方古猿属分支出来，这些"人属"物种和亚种后来分散到世界各地，形成了不同的人属物种，但这些人属物种后来几乎都灭绝了，只有一支得以保留，这就是智人。智人是人属唯一的现生物种，大约在距今 25 万年到 40 万年间演变出来，其起源地在东非，之后这批人开始对外迁徙，是如今世界各地几乎所有人类的祖先。这也是如今人类演化学中最主流的观点。

科学家们将脑容量超过 750 毫升的猿人称为"人"，把脑容量低于 750 毫升的猿人归为"猿"。比如，南方古猿的脑容量为 404—530 毫升。根据这个划分，人属家族的第一位成员便是能人（*Homo habilis*），能人之后又有匠人（*Homo ergaster*）、直立人（*Homo erectus*）、尼安德特人（*Homo neanderthalensis*）、海德堡人（*Homo heidelbergensis*）、丹尼索瓦人（*Homo sapiens ssp. Denisova*）等多种人属成员。

中国科学院古脊椎动物与古人类研究所古遗传学家付巧妹对中国人类演化的研究发现，早在 9500 年前，我国南方人群和北方人群就已经出现分化；并且古南北方人群的差异远比现今南北方人群的差异要大，这说明近万年以来，南北方人群在不断融合。这里的"南方人"被定义为阿美人、泰雅人、布依族、傣族等长期定居在南方并流动较少的民族；"北方人"被定义为达斡尔族、赫哲族、锡伯族、蒙古族等长期定居在北方并流动较少的民族。7500—9500年前，古南方人群主导着南方，古北方人群主导着北方，直到4000多年前的时候也基本如此。但现在，古北方人群成分占据我国人群基因组的主导地位，古南方人群成分的比例则降低了很多。由此推测，我国南北古人群虽然一直在交融和互相影响，但在新石器时代以后，很可能出现了大量黄河流域人群向南迁徙的现象，这构成了现在我国南北方人群的基本框架。

这反映出与同一时期在欧洲的人类演化历程相比，发生在华夏大地上的演化历程是截然不同的。当近万年前农业革命在欧洲发生后，欧洲人群的基因组成分发生了明显变化。属于狩猎采集者的特征占比变少，而属于农耕和畜牧者特征占比逐渐增大。狩猎采集人群的数量并没有出现急剧下降；同时，外来农耕和畜牧人群出现了早期人口膨胀。这表明新的人群与本地人群之间不是取代的关系，而是一个同化的过程。换句话说，近代农业人群以及欧亚草原人群等外来群体一直在重构欧洲人群的遗传信息，并且对现今的欧洲人产生了重要的影响。而在中国，虽然南北方人群早在9500年前就已经分化，但南北方同期人群的演化基本上是连续的，迁徙和互动主要发生在东亚区域内的各种人群之间，并未受到大量外来人群的影响。

7.2 尼安德特人与丹尼索瓦人

尼安德特人（Neanderthals）是一群生存于旧石器时代欧洲大陆上的史前人类，1856年在德国尼安德河谷被首次发现，并因此得名。由于尼安德特人化石大多发现于亚欧大陆山脉和谷底的洞穴中，所以又被称为"穴居人"。当第一块尼安德特人化石被发现时，达尔文的《物种起源》尚未出版。当时，人们并未将这些外形奇怪的尼安德特人与现代人建立联系。

关于尼安德特人与现代人之间的关系，直到20世纪末都是古人类学领域热烈争论的焦点。彼时，学者们有两种相互竞争的立场：一种认为尼安德特人与现代人有近亲关系甚至存在"联姻"，另一种则认为两者之间没有直接关系。虽然在古人类学领域，一个普遍的观点是尼安德特人是现代人的直接祖先。因为化石研究显示，尼安德特人身上呈现的几种形态特征在现代人身上也有，比如突出的中面部或枕骨包。在辩论的另一方中，一些学者认为，尼安德特人和现代人之间没有任何关系。耐人寻味的是，在当时，公众更愿意相信第二种观点，即尼安德特人与现代人没有关系。这种信念大多与科学证据无关，而是出于现代人作为智人的荣誉感。毕竟，对于许多现代人来说，尼安德特人的"原始人""野蛮人"形象已根深蒂固，是令人感到尴尬的"亲戚"，无怪乎人们会对尼安德特人在我们的血液中存在的想法感到反感。

这一争论直到 2010 年才得以结束。德国马克斯·普朗克研究所（Max Planck Institute，以下简称马普所）著名进化遗传学家、古遗传学领域的奠基人斯万特·帕博（Svante Pääbo，2022 年诺贝尔生理学或医学奖得主）带领研究团队，采用改进的基因组测序技术提取和分析古 DNA，将尼安德特人的核 DNA 基因组（超过 30 亿个碱基对）与人类基因组进行比较。结果显示，尼安德特人在现代人身上留下了 DNA 遗产，欧洲人平均从尼安德特人身上继承了 4% 的基因。换句话说，欧洲人都是尼安德特人的后裔。更令人惊讶的是，构成这 4% 尼安德特人祖先的基因种类并不是随机和无用的基因，而是与日常生活中关键行为和功能有关的基因，包括嗅觉、视觉、语言能力、早晨偏好（morning preference）、兄弟姐妹数量、是否容易晒黑、细胞分裂、免疫系统、肌肉收缩等相关基因。例如，*FOXP2* 基因（Forkhead box protein P2 gene，又称叉头框 P2 基因）是控制语言能力发展的基因，该基因突变会导致语言能力丧失，因此被认为对于人类语言的进化至关重要。Pääbo 的研究结果显示，尼安德特人的 *FOXP2* 基因与现代人的相同。这意味着尼安德特人很可能能够像我们一样说话和交流，或者更准确地说，我们像尼安德特人一样说话和交流。

另一支神秘的早期智人是丹尼索瓦人（Denisovans），主要在东亚地区活动，因 2008 年被发现于西伯利亚阿尔泰山的丹尼索瓦洞（Denisova Cave）而得名。丹尼索瓦人生活在距今 20 万年至 5 万年前，被认为是同时期广泛分布于欧洲的尼安德特人的"姐妹群"，对于现在东亚、南亚、大洋洲和美洲原居民均有遗传贡献。2019 年，中国科学院青藏高原研究所与兰州大学研究团队利用古蛋白分析方法，发现我国青藏高原东北部白石崖溶洞的夏河人也为丹尼索瓦人，距今至少16万年。这是青藏高原上发现最早的人类活动证据，也是在西伯利亚丹尼索瓦洞以外首次发现的丹尼索瓦人化石，将丹尼索瓦人的空间分布首次从西伯利亚地区扩展至青藏高原，并证实丹尼索瓦人曾长期生活在青藏高原。西藏本地人能很好地适应高海拔环境，可能也是得益于丹尼索瓦人的遗传基因。有学者认为，我国发现的早期智人，如辽宁金牛山人、陕西大荔人、山西许家窑人等，都很可能是丹尼索瓦人与我国境内直立人"联姻"的后代。丹尼索瓦人对现代人的基因贡献具有明显的地域差异，例如大洋洲的巴布亚人身上就带有4.8%的丹尼索瓦人基因。

Zammit等（2019）的研究发现，现代人从丹尼索瓦人那里获得了一种基因突变，这种突变可以增强人体的免疫能力，以使现代人的免疫系统更好地适应不同的环境。这一突变发生在 TNFAIP3 基因，位于人体第6号染色体上，编码A20蛋白质并参与免疫系统的抑制工作，因此会与人体的自身免疫性疾病相关，包括肠炎、关节炎、多发性硬化、牛皮癣等。通过丹尼索瓦洞中发现的儿童指骨基因组显示，丹尼索瓦人具有这种突变。而在现代人群中，研究人员发现该突变在大洋洲的一些土著身上很常见，但是在欧裔人群中非常少。在某种程度上，这可以说是丹尼索瓦人对智人的"馈赠"。

2020年以来，新型冠状病毒在地球肆虐，人们寄希望于疫苗和新药，祈盼疫情早日退去。但在漫长的进化史中，人类对于冠状病毒的发生和传播其实并不陌生，甚至可以说又是一场熟悉的"猫鼠游戏"。尽管病毒会在短时间内快速进化，但为了生存，病毒必须保持对宿主的高度适应性。Souilmi等（2021）通过基于古病毒序列数据进行的估计，发现早在2.1万年前，一种古老的冠状病毒疫情就曾在人类中暴发。那么现代人类体内来自于尼安德特人和丹尼索瓦人祖先的基因，会对新型冠状病毒易感性产生影响吗？Zeberg和Pääbo（2020）在新冠肺炎疫情流行之初曾报道，位于人体3号染色体的一个小区域可能会导致新冠肺炎患者有更高的风险发生呼吸衰竭，而这些风险基因来自于尼安德特人祖先。同时，作者没有发现丹尼索瓦人基因对新型冠状病毒易感性有显著影响。但在 2021 年，Zeberg 和 Pääbo 进一步报道了位于人体 12 号染色体的 3 个遗传基因，能够显著将罹患重症新冠肺炎的概率降低 22%，并且这 3 个遗传基因变异也同样来自于尼安德特人。

约 3 万年前，尼安德特人逐渐灭绝，进而被现代人的祖先取代。一种解释是，在漫长的演化过程中，尼安德特人的基因不适应现代人的生存方式，从而在自然选择中被淘汰了。据估计，在 3.8 万至 7 万年前，欧洲的尼安德特人数量很少，大概只有 1500 名育龄的女性尼安德特人。较少的人口使得种群在变化多端的环境中更加脆弱。与此类似，丹尼索瓦人也是 2 万至 3 万年前在西伯利亚逐渐消亡。

虽然尼安德特人和丹尼索瓦人在漫漫历史长河中已离我们远去，但在今天仍能够切实感受到他们留予我们的基因遗产。

7.3　选择压力、进化与农业革命

通过以上讨论可以看出，我们的基因组包含了先祖们的进化痕迹。进化（evolution）指的是生物的可遗传性状在世代间的改变。英国哲学家赫伯特·斯宾塞（Herbert Spencer）曾提出，如果一个物种不再繁衍，那么它就停止了进化。达尔文的自然选择（natural selection）理论对这一观点进行了修正和拓展，认为生物个体或种群在进化过程中，其基因、性状、行为策略的选择一定是能够提高其适应性的。适应性（fitness）也被称为进化适应性（evolutionary fitness），指的是物种对不同环境中选择压力（selective pressure）的适应程度。选择压力又称为进化压力，是指外界施于一个生物进化过程的压力，从而改变该过程的前进方向。换句话说，当特定的遗传变体使携带这些变体的个体在特定环境中更有可能存活时，自然选择就会发挥作用。同时，这些遗传变体出现的频率也会在子代中增加。自然选择推动了适应性进化，它的作用就好比是一个筛子或是过滤系统，能够从一个种群中去除次优等位基因，并使物种更好地适应其所在环境。达尔文适应性（Darwinian fitness）指的是一个普通个体的基因型或表型对下一代基因库的平均贡献。需要注意的是，自然选择只作用于可遗传的性状。

从这个意义上来讲，我们不应该对现代人从尼安德特人身上获得基因而感到惊讶。进化将利用任何遗传变异的来源，只要它恰好在一个种群所生活的环境中具有优势。例如，尼安德特人的基因反映了他们50万年来对自身环境的适应。尼安德特人的自然环境在某些方面与同时代的非洲人不同，不同的季节、温度和阳光，以及不同种类的植物和动物食物。他们的社会环境和疾病环境也可能在某些方面与非洲人不同。但也有很多重叠。

人类社会自形成以来，经历过多次世界性的技术革命。目前学术界普遍认可的主要有两次大革命，即农业革命（the agricultural revolution）与工业革命（the industrial revolution）。农业革命使人类从早先通过狩猎采集获取食物和生活资料的经济形态，转变为在驯化动植物基础上通过栽培作物（即耕种）和饲养家畜（即畜牧）获得基本食物和其他生活资料来源。依据目前考古学界的认识，农业革命从公元前约1万年开始先后在中东、印度、中国北方和南方等若干区域发生，随后逐步扩散到若干其他地区。农业革命伴随劳动生产工具从旧石器、中石器向新石器演变，因而又称作"新石器转型"（the Neolithic transition）。

农业革命的重要意义在于，它是人类文明形成的关键，促使原始农业社会产生，并彻底改变了人类的生存和生活方式（游牧→定居）。在农业革命之前，人类主要过着采集植物和狩猎动物的生活，即狩猎采集生活方式，与其他哺乳动物获取食物的方式没有根本性不同。而农业革命带来的对动植物的驯化和饲养/种植才是人类与其他动物在本质上有所分别的起点。

假如人类没有种植农作物和饲养家畜，就会永远处于狩猎采集的原始状态，文明也就无从产生。由于狩猎采集需要人类采取"游徙"的生活方式，在一个地方的食物被采集匮乏后重新迁移到一个新的地方，因此农业革命以前的早期人类不可能在一个地方居住太久。人类无法定居，村落也就不可能产生，城市更是难以形成。因此，农业革命使得人类从攫取性的狩猎采集生产过渡到生产性的农牧业生产，对整个人类社会产生了极大的影响：

村落建立起来，生产活动出现剩余，贸易产生，社会开始分工，定居地区人口开始飞速增长，陶器、编织、纺织等手工艺随着定居而产生，与生产和生活密切相关的天文、历法、医药等开始形成，为了交流和记录语言、文字随之产生，文明诞生并不断演化。

在不怎么久远的 20 世纪末（即基因时代到来之前），科学界的普遍观点是技术和文明的爆炸式发展消灭了自然选择，现代人类进化约在 2 万年前就停止了。但近年来，越来越多的证据表明，农业革命以来，人类的种植、生产、消费等生活方式的变迁，从基因层面改变了 "who we are"（我们是谁），并且 "自然选择" 仍在当代人群中发生作用。换句话说，不但祖先们当年对生活方式的选择决定了 "我们是现在的我们"；并且人类仍在进化中，我们现在所拥有的社会经济环境将会决定几百、几千年后的人类后代。

7.4　不同生活方式形成不同的选择压力

在欧美国家，"乳糖不耐受" 曾经一度被认为是一种基因缺陷，携带者无法消化牛奶和奶制品，症状就是一喝牛奶就肚子胀、肚子疼甚至拉肚子。但科学家们对世界各地不同地方发现的古人类骨骼进行 DNA 检测后发现，这些古人类几乎都携带乳糖不耐受基因。换句话说，"乳糖不耐受" 其实是人类的常态，"乳糖耐受" 才是最近几千年中出现的一种新 "变异"。

考古学研究显示，人类是在约 1 万年前才开始喝牛奶的，这一时期也正是人类由原始的狩猎采集社会通过农业革命转型为耕种和畜牧社会的伊始。事实上，正是由于一部分人类驯化了奶牛并成为 "牧民" 逐渐开始畜牧生活，才使得乳糖耐受基因由最初的小小突变，逐渐一代一代地被 "选择" 为牧民后代（如欧美民族）中的主流基因。相反，东亚民族由于主要为农耕文明，以种植水稻、小麦和其他农作物为生，所以作为后代的中国人大部分仍为乳糖不耐受型，乳糖耐受型的比例只占 10% 左右。

对于乳糖耐受基因被选择的具体情形，我们可以在此展开充分的想象：8000 年前风和日丽的古欧洲牧场中，小 A 和小 B 两个小伙子都到了适婚年龄。小 A 是传统的乳糖不耐受型，虽然放着牛，但和大多数村里人一样，一喝牛奶就胀气肚疼，每天只能喝一点点。小 B 正好携带了一个突变的乳糖耐受基因，这使得他喝起牛奶来完全没有不适的感觉，每天把牛奶当水喝，营养摄入比小 A 好了很多，日积月累长得人高体壮。新石器时代的婚恋市场中，强壮的小 B 自然比小 A 更受欢迎，受到更多姑娘青睐，也会有更高的概率早生孩子、多生孩子。而小 B 的后代中携带乳糖耐受基因的比例会比平均值更高，这些后代也会因为可以消化牛奶长得更壮更健康，生存率更高，更容易找到伴侣生小孩。一代又一代，这种"自然选择"的压力方向和作用最终使得乳糖耐受基因在牧民后代中由小众变为大众。

另一个例子来自有着"海洋游牧民族"之称的巴瑶族人（Bajau）。巴瑶族是东南亚的一个民族，生活在菲律宾、马来西亚和印度尼西亚之间的海域。几千年来，巴瑶族人以木制船屋为家生活在海上，靠潜海捕鱼为生。巴瑶族人是自由潜泳的高手，能在不依赖氧气设备的条件下，潜到 30 米甚至更深的海域捕捉深海鱼，寻找珍珠以及海参，且一次在水下的滞留时间可以长达 13 分钟。Ilardo 等（2018）发表在《细胞》杂志上的研究发现，与其他族裔相比，巴瑶族人不但有着更大的脾脏，而且这一表型差异源自巴瑶族人 PDE10A 基因的变异，这些都使得他们的憋气能力能够发挥到极致。正是 PDE10A 基因的变异增加了巴瑶族人的脾脏大小，为他们提供了更多的充氧红细胞，使得他们更加适应于所处的海洋游牧环境，甚至在不从事潜水活动的巴瑶族人中也是如此。这项研究首次报告了"潜水基因"的存在，为人类对于所处环境的遗传性适应提供了有力新证。

7.5　谷物耕种历史对现代人的影响

从前面的讨论中不难看出，农业的出现虽然只有大约 1 万年，但却是人类社会发展历程中最为关键的里程碑之一，因为它从根本上改变了人们的生活方式。据考证，谷物的种植或许源自原始人类无意识的行为。生长于新月沃土地区的野生谷物一旦成熟，便会从谷穗上脱落下来。而驯化后的作物是不会掉穗的，这便利于集中收割。自公元前 1 万年开始，人类先后驯化了小麦、水稻、玉米、土豆、小米和大麦等谷物。农业耕种的发展养活了越来越多的人，定居行为和人口爆炸让农业社会产生阶层分化，推动了社会向更复杂的形态发展。

从饮食结构的角度看，与狩猎—采集社会相比，农耕文化的人们由于农作物的驯化，饮食中来自于谷物的植物性成分比例显著升高，动物性成分降低。在人体内，代谢植物性脂肪和动物性脂肪的酶是不同的。有学者发现，农耕社会后代中的脂肪酸去饱和酶基因（*FADS*1）活性更高，这表明"自然选择"的压力很可能来源于农业社会特殊的饮食习惯：拥有*FADS*1 基因的原始农民能够更好地消化植物性脂肪、活得更长更健康、更容易找到伴侣生很多小孩，久而久之，*FADS*1 基因在农耕后代中携带的比例就变得高了。

在多种农业实践活动中，9400 年前起源于我国的水稻种植又与其他作物（如小麦、玉米等）的种植具有显著差异，如水稻种植所需劳动投入时间更长、对集体协作要求更高等。Zhu 等（2021）的遗传经济学研究报告了水稻种植和特定表型相关基因之间的联系。作者构建了包括身高、体质指数（BMI）、抑郁症风险、时间折扣率、生育意愿、受教育程度、风险偏好和酒精耐受相关的 9 个多基因评分或基因型，研究它们与中国水稻栽培历史的关联。两阶段最小二乘法和一系列稳健性检验的估计结果表明，水稻种植历史在基因层面上与较高的生育意愿以及较低的酒精耐受性显著相关。这一研究结果说明水稻种植活动很可能在较短的历史进程中（几千年）影响了人类进化；并且表明了人类历史上的重大社会文明转型事件虽然对基因影响很小，但仍然可以检测出来。我们将在第 10 章详细介绍这一研究。

水稻种植影响特定人群的文化和行为差异并不是一个新想法。Talhelm 等（2014）以水稻种植为主要解释变量，提出了解释中国南北方文化和思维方式差异的"大米理论"。还有一些研究发现水稻种植与其他各种特征之间存在联系，如职业道德、合作、合群性和关系稳定性等。虽然早期的论文倾向于关注围绕水稻种植而建立的文化资本和生产习惯的需要，但最新的遗传经济学研究已表明，这一现象可能并不是一个单纯的社会现象，而是有着基因层面的基础。

利用农业来改变群体行为的做法自古以来被人们所熟知。古代封建制度的倡导者倾向于从道德和仪式的角度来描述利用粮食生产系统建立政治控制的过程，但权力实际上是通过将每个人与特定的土地捆绑在一起而实施的。以西周（公元前 1046 年至公元前 771 年）为例，它是一个有两个阶层的社会：拥有土地的封建贵族和没有土地的农奴。这两个阶级之间的关系是通过"井田制"来构建的。西周时期，道路和渠道纵横交错，把土地分隔成方块，形状像"井"字，因此称作"井田"。井田制的实质是一种以国有为名的贵族土地所有制。在井田制下，所有的土地都归当地贵族或地主所有，但由其佃户耕种。佃户以八户为单位，每个单位负责九块田地，以"井"字的形式布置。每家每户都耕种外围的一块田地以维持自己的生计，并共同耕种中央的田地作为向地主缴纳的税款。农业耕种除了满足生存需要外，还有一个重要的附加作用，就是使民众更容易被管理。

商鞅《商君书》中有云："圣人知治国之要，故令民归心于农。归心于农，则民朴而可正也，纯纯则易使也，信可以守战也。壹，则少诈而重居；壹，则可以赏罚进也；壹，则可以外用也。夫民之亲上死制也，以其旦暮从事于农。"说的便是通过农业耕种活动使民众专心务农，那样民众就朴实好管理。

粮食、生存、文明和社会是如此紧密地联系在一起。在谷物中甜美的碳水化合物的激励下，人类在事实上重组了社会，改变了我们的生物学特征，消灭了其他不重要的竞争物种，以满足对于十几种特定谷物不可阻挡的征服或是被征服。在法国作家圣-埃克苏佩里的童话故事《小王子》中，狐狸对小王子说，"如果你驯服了我，我们就互相不可缺少了"。这句话对于人类与谷物的关系而言也十分适用。

7.6　拉马克式演化

拉马克式演化也被称为拉马克主义（Lamarckism）、拉马克学说或拉马克进化理论。这个理论是由法国生物学家让·巴蒂斯特·拉马克（Jean-Baptiste La-marck）于 1809 年出版的《动物哲学》（*Philosophie Zoologique*）一书中首先提出的（图 7-1）。作为第一个唯物主义生物进化理论，拉马克主义比达尔文主义早了 50 余年。

如果你上过高中生物课，那么肯定还记得拉马克式进化中所强调的"用进废退原则"（law of use and disuse）——回想一下"非洲的长颈鹿为了能够吃到树上的叶子而把脖子拉长"这个例子。"用进废退"指的是生物体器官在经常使用的情况下会

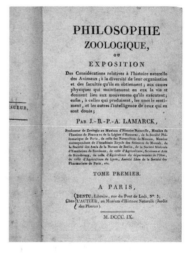

图 7-1　拉马克《动物哲学》初版（1809 年，巴黎）

变得发达；反之，若是在不使用的情况下自然就退化。拉马克提出的另一个重要法则是"获得性遗传"（inheritance of acquired traits）。获得性遗传是指生物体受到外界影响，为了适应外界环境而产生的进化并且可以将这种特性遗传给后代子孙。

很长一段时间里，在世界各国的教科书中，拉马克的"获得性遗传"理论都被作为达尔文自然选择进化理论的对手。这两种进化理论的主要差别在于，达尔文的进化理论认为遗传变异是随机的、无方向的；生物进化是环境对随机变异进行的选择，环境选择起筛选作用，保留下合适的变异。而拉马克的进化理论认为遗传变异是对应于环境的、定向的；生物体

会产生适应环境和生存需要的变化，并且这种变化的结果可以传给后代，即获得性遗传。

这两种理论曾在 19 世纪展开过激烈的斗争。斗争的结果是达尔文主义获胜，这导致拉马克主义的消亡和现代综合论（Modern Synthesis）的兴起。拉马克的学说没有获得广泛认可，原因有多种。拉马克没有像达尔文那样的环球航行经历，这使得他的理论主要建立在直觉、推理和猜测之上，缺乏实践证据。事实上，尽管达尔文最初不认可拉马克的理论，但后来在《物种起源》第 3 版的"历史导言"中改写了他的观点，称拉马克"首先做了杰出的贡献，引起人们对于有机世界和无机世界所有变化可能是自然法则的结果（the result of law，即进化），而不是奇迹的干预（miraculous interposition）"。

近年来，一些遗传学新发现也表现出明显的拉马克主义色彩，尤其是表观遗传学（Epigenetics）研究的快速发展使得一些科学家开始反思拉马克曾被废弃的观点。表观遗传学是自 20 世纪 80 年代后期逐渐兴起的一门学科，研究在 DNA 序列不变的前提下，引起可遗传的基因表达或细胞表型变化的分子机制。DNA 甲基化修饰、组蛋白修饰、核小体的组装、高级染色质结构的建立、维持及转换等均是表观遗传调控的重要手段。越来越多的证据表明，环境能够通过表观遗传学机制对基因组做出永久性的改变，并且这些改变可以在世代间遗传下去。需要注意的是，虽然表观遗传学可以被视为先天和后天之间的桥梁，一个人后天的经历能够改变细胞对于 DNA 的解读方式，但 DNA 编码本身并未发生改变。

Heijmans 等（2008）对荷兰出生于 1944—1945 年冬季饥荒时期的人们进行了研究，提出人类表观遗传学改变也有遗传的可能性。研究显示，在饥荒年间出生的成年人携带有独特的表观遗传学标志，即胰岛素样生长因子 II（*IGF*2）基因上附着的甲基更少，而其在饥荒前后出生的兄弟姐妹体内却均不含这样的标志。这项研究为拉马克获得性遗传的假说提供了经验支持，即人类早期生活的环境条件可导致表观遗传学变化，并持续整个生命周期。另一些研究发现，童年经历的战争、虐待、压力等创伤会改变个体行为及皮质醇等激素水平，并通过表观遗传学修饰传递给后代。总而言之，也许拉马克的想法是对的，只是缺乏正确的解释。拉马克主义这一次能否"逆袭"，让我们拭目以待。

7.7　生存是一种幸运

演化生物学家史蒂芬·古尔德（Stephen Gould）指出，人类的进化是历史上的偶然事件，进化利用了随机变异，如果从头再来一遍，人类的进化将是一个不同的轨迹。一个容易发生误解的概念是，人们似乎普遍认为"进化"即"进步"。自然世界被精心设计得非常和谐，而人类就处于自然社会的顶端。但生命其实是在漫无目的地滋长，进化本身并没有比繁衍本身更高尚。一个物种的结构可以因为适应环境变得更加复杂，反之，也可能变得更为简单。朝哪一个方向进化只取决于所处环境带来的选择压力。

换句话说，智人能够"占领"世界并不是历史的必然，而只是一种幸运和偶然。

耶鲁大学统计学家 Joseph Chang 通过对纯数学模型的理论推导，发现在一定条件下，当今世界上的所有人都可以追溯到约 32 代以前的一个共同祖先（common ancestor）。当然这个推论听起来有些无理。Chang 还发现，1000 年前的人中，有约 1/5 的人并没有后代活到现在，他们的后代子孙在历史中的某个时期没有继续留下后嗣，使得这条分支血脉消亡。

同时，拉马克和达尔文使我们认识到，生命并不是由创世神为了组成一个和谐的自然而一次性创造出来的。自然的和谐只是一种暂时性的"假象"，每一个活着的物种都必须不断应对环境带来的挑战，人类也不例外。

第 8 章

迁移、跨省婚姻与异配优势效应

异配优势（heterosis）是一种遗传学现象，指同一物种内基因型差异较大的个体相结合，其后代会表现出优于双亲的遗传适应表型特征。生物学家已经发现了许多动物和植物中存在异配优势的证据，但现有对人类异配优势的研究多集中在分子生物学和细胞层面的探讨，缺乏个体层面的研究。在本章中，我们介绍如何在个体层面对异配优势效应进行检验。

8.1 研究背景

异配优势是由 George Shull 在 1914 年提出的一种遗传学现象，是指同一物种内基因型差异较大的个体结合，其后代会表现出优于双亲的遗传适应表型特征。尽管生物学家们已经发现了许多证据证明了动植物存在异配优势，但对于人类而言，分子生物学以外的异配优势证据仍然十分缺乏。有大量证据表明，不同人群间的地理距离与遗传距离呈现正相关关系。因而，跨省婚姻（夫妻双方来自不同的省市/地区）产生的后代可能会在智商、身高或面容吸引力方面有更适应的遗传表现。

进一步认为人类中存在普遍的异配优势效应来自于三个独立的生物学证据。其一，对于动植物而言，无论在人工还是自然环境下，都有大量的异配优势证据被发现。其二，大量有关人类近亲繁殖存在劣势的证据间接暗示了人类存在异配优势。其三，现已有大量的分子层次的人类异配优势存在的证据。然而，试图在微观水平解决此问题的研究仍十分之少。Lewis（2010）提出混血儿的吸引力可通过杂种优势解释。Mingroni（2007）发现人类人群中 IQ 评分增加的趋势是异配优势的结果。Koziel 等（2011）发现夫妻间的遗传距离是影响其后代身高的重要因素。但这些研究大多基于小规模的样本，忽视了大量可能的干扰因素。

我们在本研究中采用大规模人口普查的微观数据考察异配优势在人类群体中是否存在。基于三方面原因，我国是实现这一研究目标的极好选择：其一，我国幅员辽阔，南北跨度近 5500 公里，东西跨度近 5200 公里。

广阔的土地面积为人群的地理隔离与遗传多样性提供了基础。其二，我国有 56 个已被确认的民族。现有文献已有实质性的证据表明中国的不同亚种有不同祖先与遗传距离。如近似地以长江为界，汉族可被分为两个不同群体——南汉与北汉。其三，在我国特定的社会经济、政治与文化背景下分析潜在的异配优势效应相较于欧洲等地更具有可行性。

现有的遗传学与实验观测为人类的异配优势效应提供个三个重要预测，统称为"距离—表现假说"（the distance-performance hypothesis）。其一，不同人群结合产生的后代个体将展现出异配优势，在许多定量性状方面有更优的表现，如智商、身高与面容吸引力等。其二，异配优势效应或随父母的遗传差异增加而增强。其三，已有实质性证据表明，地理距离与遗传距离在不同人群中均存在正向联系，因而跨省婚姻的后代或表现出更优的遗传适应表型。

普遍认为个体的受教育程度一定程度上与其智力水平相关，故本研究中个体受教育程度是我们主要分析的表型。Plug 与 Vijverberg（2003）发现儿童的 IQ 得分对其受教育程度差异的说明程度高达 70%—75%，这反而意味着受教育程度可作为与智力有关的生物/遗传适应的较好替代量。为减缓选择偏误与环境因素的干扰风险，作者采用包含了 Guimaraes 和 Portugal（2010）提出的固定效应（FE）在内的高维固定效应模型（HD-FE）。作者使用被调查者父母外生的迁移决策与省级每年的平均夫妻距离作为工具变量（IV）并使用高维固定效应—两阶段最小二乘法（HDFE-2SLS）进行稳健性检验。后代身高受社会经济环境影响较小，且通常认为其可作为遗传适应性的替代显示变量，作者对其也进行了分析并给出了结果。

8.2 人口普查微观数据与研究样本

本研究所主要使用的数据来自国家统计局 2000 年人口普查数据的 0.1% 人口微观样本数据（$N = 1\ 180\ 111$），数据覆盖 31 个省、自治区和直辖市。此数据库准确包含了被调查者当前的居住地/注册地及其出生地信息。

我们使用四个变量测度一个被观察个体其父母亲间的遗传差异。其一为识别父母亲是否出生于中国不同省份的二元变量，即婚姻是否是跨省婚姻。其二，作者计算了跨省婚姻中父母方出生省份的地理距离（按省会的经纬度坐标计算）。其三，作者依据基因频率，从成对省份中收集了中国人口遗传距离数据（由 F_{ST} 测度）。这可帮助研究人员获得潜在的全基因组异配优势效应，增强统计置信力。其四，作者计算了成对省份间经度与纬度的差异（按省会的经纬度坐标计算），以探测地理方向性的变化。

在排除了调查期内无配偶的样本后，我们得到了 553 538 个经筛选后的观测样本。表 8-1 报告了跨省婚姻的地理分布（按居住省份计算）。与预期一致的是，北京、天津和上海的居民有着最高的跨省婚姻比例。其中北京的跨省婚姻比例接近 1/3，几乎是天津和上海的两倍。表 8-1 同时报告了每个省份相应的跨省婚姻配偶平均出生地的地理距离、基因距离以及经纬度差值（见第 4—7 列）。数据显示，中国 2000 年时跨省婚姻比例仅为 5.78%。从分布上来看，中国北部的省份及地区通常有较高的跨省婚姻率（如北京 28.38%，天津 16.92%，内蒙古 14.23%，黑龙江 13.57%）。形成对照的是，在南方省份尤其是长江以南的省份及地区居住的人们省内婚姻较多，因而跨省婚姻率较低（如湖南 2.45%，广西 2.63%）。

表 8-1 跨省婚姻的地理分布（按居住省份计算）

（1）省级行政区	（2）样本量	（3）跨省婚姻比例	（4）跨省婚姻地理距离（1000公里）	（5）跨省婚姻基因距离（F_{ST}）	（6）跨省婚姻纬度差异	（7）跨省婚姻经度差异
北京	5948	28.38%	1.597	0.01718	9.55	12.54
天津	4976	16.92%	0.947	0.01904	6.71	5.42
上海	7512	14.35%	1.422	0.00792	6.76	13.2
内蒙古	11 564	14.23%	1.105	0.00695	5.31	10.31
黑龙江	17 853	13.57%	0.64	0.00359	3.62	5.53

续表

（1）省级行政区	（2）样本量	（3）跨省婚姻比例	（4）跨省婚姻地理距离（1000公里）	（5）跨省婚姻基因距离（F_{ST}）	（6）跨省婚姻纬度差异	（7）跨省婚姻经度差异
新疆	8 260	12. 62%	0. 701	0. 02159	4. 16	4. 87
宁夏	2464	11. 69%	1. 231	0. 01058	6. 27	11. 72
青海	1900	10. 42%	1. 349	0. 01988	8. 26	9. 86
辽宁	21 766	8. 50%	1. 31	0. 01349	7. 6	10. 8
吉林	12 782	7. 70%	0. 605	0. 00405	2. 97	5. 57
陕西	14 952	6. 26%	0. 674	0. 01853	3. 88	5. 19
河北	30 948	6. 11%	1. 075	0. 00503	4. 32	11. 1
重庆	12 480	5. 79%	1. 712	0. 02258	9. 8	14. 86
江苏	34 512	5. 68%	0. 422	0. 00774	2. 64	3. 06
甘肃	9940	5. 67%	0. 818	0. 01819	4. 11	6. 89
安徽	26 040	5. 48%	2. 061	0. 0554	15. 67	12. 35
山西	14 594	5. 39%	0. 615	0. 02208	4. 53	3. 63
广东	26 380	5. 34%	0. 675	0. 01015	3. 1	4. 46
浙江	21 824	5. 09%	1. 286	0. 01366	8. 1	9. 84
湖北	23 902	4. 51%	0. 584	0. 00856	3. 16	4. 16
海南	2808	4. 42%	0. 747	0. 00555	2. 18	7. 03
江西	15 300	4. 31%	1. 028	0. 02587	5. 33	6. 65
贵州	14 348	4. 04%	0. 645	0. 00728	4. 3	4. 03
福建	13 020	3. 90%	0. 647	0. 0031	1. 64	6. 29
河南	40 272	3. 60%	1. 877	0. 02244	11. 69	14. 79
山东	45 470	3. 54%	1. 283	0. 02575	8. 79	9. 02
西藏	658	3. 34%	0. 597	0. 0297	5. 36	0. 33

续表

(1) 省级行政区	(2) 样本量	(3) 跨省婚姻比例	(4) 跨省婚姻地理距离（1000 公里）	(5) 跨省婚姻基因距离（F_{ST}）	(6) 跨省婚姻纬度差异	(7) 跨省婚姻经度差异
云南	17 120	3.14%	0.784	0.01045	4.51	4.97
四川	33 232	3.02%	1.096	0.01766	6.77	8.18
广西	16 356	2.63%	0.753	0.01789	4.77	4.43
湖南	26 418	2.45%	0.885	0.0158	4.86	6.2

　　图 8-1 描绘了随结婚年份而变化的跨省婚姻率。在 20 世纪 90 年代之前，跨省婚姻率相对稳定在 6% 左右（若将相邻省排除在外则为 2.5%）。但从 1996 年开始，跨省婚姻率增长迅速，这可能是由 20 世纪 90 年代早期开始的大量劳动力迁移造成的。

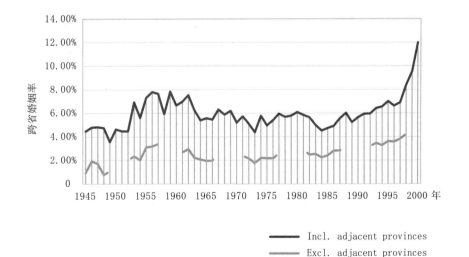

图 8-1　1945—2000 年中国跨省婚姻率年度变化

8.3　实证分析方法

在实证分析中，我们将研究样本严格限制为已完成学业、被调查期间非学生且父母出生地信息完整的后代（$N=97\,508$）。表 8-2 报告了样本数据的描述性统计结果。近 4.4% 的被调查者是跨省婚姻的后代。所有夫妻的平均地理距离为 30.64 公里（标准差 175.05 公里），而跨省婚姻夫妻的地理距离为 812.93 公里（标准差 566.96 公里）。父母基因距离的均值为 0.0000516（标准差 0.0012291）。被调查者的平均受教育年限为 8.93 年（标准差 2.56 年）。而其他的人口统计学特征，被调查者平均兄妹数量为 0.97 人（标准差 1.00 人），68.46% 的被调查者为男性，其平均年龄为 24.43 岁（标准差 6.71 年），10.31% 的被调查者为少数民族，被调查者父母的平均受教育年限为 6.12 年（标准差 3.05 年）。

表 8-2　描述性统计

变量	均值（或百分比）	方差
受教育年限（年）	8.93	2.56
跨省婚姻比例	4.40%	—
地理距离（1000 公里）	0.03064	0.17505
遗传距离（FST）	0.0000516	0.00123
纬度差（度）	0.1691	1.0488
经度差（度）	0.2358	1.4645
年龄（年）	24.43	6.71
男性	68.46%	—
少数民族	10.31%	—
城镇户口	17.61%	—
已婚	32.91%	—

续表

变量	均值 （或百分比）	方差
曾经有过迁移经历	11.39%	–
兄弟姐妹个数	0.97	1
父母平均受教育年限（年）	6.12	3.05
父母迁移人数	0.09	0.36
父母迁移原因为"学习培训"或"工作调动"	0.20%	–

由于结婚双方的遗传和地理距离可能与其能力有关，因而样本可能存在选择性偏误的问题。如拥有更高智力与潜能的人有更高的可能跨省结婚，找到一个出生于不同省/地区的配偶。遗传性因而在后代的智力发展方面起到了重要作用。另一个例子是同型婚配情况。此外，若父母因为经济因素，从较为贫穷的地区通过婚姻来到较为繁荣的地区，则所观测到的跨省婚姻与非跨省婚姻后代的差异会受到无法观测到的地区社会经济因素影响，而非异配优势效应本身。注意到这些内生性问题，我们采用可包含大样本固定效应的高维固定效应模型进行分析，这可部分减缓样本选择偏误问题。用于实证分析的 HDFE 模型一般形式为：

$$EA = X\beta + \lambda\Psi + \theta_1 Birthplace + \theta_2 Birthplace \times Brithyear + \theta_3 Province + \theta_4 City + \theta_5 Parent1Birthplace + \theta_6 Parent2Birthplace + \varepsilon \tag{8.1}$$

上述模型因变量为被调查者的受教育年限。X 包含一组可被观察到的个人社会—人口特征变量，包括年龄、性别、民族、城市居否、婚姻情况、迁移历史、父母迁移人数，由于遗传性在后代的受教育年限程度中起到重要作用，因而父母的平均受教育年限也被包含在内。Ψ 代表父母遗传多样性的差异程度，λ 是其回归系数。共 1837 个固定效应被包含在估计中：30 个出生省的固定效应，1403 个出生省×出生年的固定效应，30 个居住省的固定效应，314 个居住城市的固定效应，30 个父母中一方出生省的固定效应以及 30 个父母中另一方出生省的固定效应。ε 为随机误差项，假设其

服从 N（0，σ^2）分布。在剔除父母从较为贫穷的省份迁移至较为富裕地区（如北京、上海、天津）被调查者样本后（$N=723$），作者再次进行了 HDFE 回归。

随后以被调查者父母的迁移决定作为工具变量，以减弱内生性影响。由于样本记录了不同的迁移原因，作者构造了一个变量，说明父母的迁移是由外生的工作分配与迁移引起的。通过将被调查者父母的迁移决定与每年省级水平平均婚配距离作为工具变量并使用 HDFE-2SLS，我们检验了跨省婚姻及与之相联系的地理距离是否仍显著影响后代的受教育程度。

正如上述所提到的，身高是后代生物适应性的另一个指示指标，并且其被认为受个体的社会经济背景影响较小。若有后代身高的相关数据，即可检验异配优势是否是稳健的。然而，人口普查数据却并未包含此类信息。因而，我们采用中国健康与营养调查（CHNS）数据作为补充，进行稳健性检验。

CHNS 是由北卡罗来纳州立大学卡罗来纳人口中心与中国疾病控制预防中心联合开展的国际合作项目，其是一个全国性的纵向调查，建立了详细的个体层级的社会—人口统计、人体测量以及健康相关情况数据库。每个家庭成员的身高情况由专业健康人员在调查期间测量。因而与个人报告的数据相比，CHNS 的测量误差相当小。用于分析的 CHNS 样本包含了来自 9 省的 24 779 个样本。

关于后代个体的身高，有相关研究表明，蛋白产品与牛奶产品的摄入量是一个地区后代个体身高的重要决定因素（也被称作"牛奶猜想"）。但中国地区性牛奶与奶制品的历史生产/消费数据不完整或不可得，我们再次引入一系列的包含大量级地区以及地区×出生年虚拟变量，以如下 HDFE 模型进行估计以作替代。

$$Height = X\beta + \lambda\Psi + \theta_1 Birthplace + \theta_2 Birthplace \times Brithyear + \theta_3 Province + \theta_4 Community + \theta_5 Parent1Birthplace + \theta_6 Parent2Birthplace + \theta_7 wage + \varepsilon$$

$$(8.2)$$

式（8.2）中因变量为由专业健康人员测量的被调查者身高，X 为一组变量，其包含年龄、年龄平方项、民族、展现父母对于后代身高遗传性影响的被调查者父母平均身高（亦由专业健康人员在调查期间测量）。Ψ表示父母的遗传多样性，故 λ 代表了后代身高的潜在异配优势。此部分共包含881个固定效应：20个出生省的固定效应，571个出生省×出生年的固定效应，9个居住省的固定效应，228个居住社区的固定效应，22个父母中一方出生省的固定效应，24个父母中另一方出生省的固定效应以及7个调查年固定效应。ε 为随机误差项。

8.4　实证分析结果

8.4.1　来自人口普查微观数据的个体受教育程度分析结果

表8-3给出了两个不同模型下 HDFE 的估计结果，因变量均为被调查者的受教育年限。A组是基于式（8.1），使用混合样本，以标准 HDFE 模型进行估计的结果。B组展示了 HDFE-2SLS 的回归结果，并将外生的父母迁移决定以及每年的省级水平平均婚配距离均作为工具变量进行估计的结果。

考察回归结果，值得注意的是，被调查者在出生地/出生地×出生年/居住省/居住城市级别的差异性，以及父母双方出生地的差异性，已被第三部分所描述的大量的固定效应估计量控制了。

A组基本模型的回归结果显示了父母遗传多样性的差异程度（Ψ）与后代受教育程度间一般性的正向、显著影响（见表8-3中第1—4列）。B组所示的由 HDFE-2SLS 估计得到的结果与 HDFE 模型估计得到的结果一致，而且异配优势的估计量有所增强（见表8-3中第5—8列）。特别是，跨省婚姻使其后代受教育年限增加了0.11年（见表8-3中第5列），父母出生地地理距离每增加1000公里，其后代的受教育年限将增加0.21年（见表8-3第6列）。

在所有的估计中，跨省婚姻/父母出生地地理距离/父母遗传距离的估计量均为正向且稳健的。在同时控制了基因遗传性、环境因素影响以及大量的固定效应后，此结果仍是稳健的。上述结果意味着异配优势在决定后代受教育程度上起重要作用，这支持了"距离—表现假说"。

遗传经济学原理

一如预期地，男性与城市居住对后代受教育程度有正向影响。通常用来控制"来自父母的遗传影响"的父母平均受教育年限变量，也对后代的受教育年限有正向的非线性影响。这意味着，除去环境因素，父母对后代的受教育程度影响或可以进一步被分解为遗传继承与异配优势效应。此外，研究发现兄弟姐妹的数量对被调查者的受教育年限存在显著的负面影响，这意味着中国家庭层面存在普遍的资源稀释效应。

Chen 等（2009）发现，基于全基因组 SNP 差异，中国北方汉族人与南方汉族人群体间存在相当大的遗传差异性，但东部汉族人与西部汉族人群体遗传差异性并不显著。然而，我们没有发现后代受教育程度的方向表型间存在差异的确凿证据（见表 8-3 中第 8 列）。

表 8-3 以受教育年限为因变量的回归结果

	(A) HDFE				(B) HDFE-2SLS			
	(1)	(2)	(3)	(4)	(5)	(6)	(7)	(8)
跨省婚姻	0.079*				0.107*			
	-0.047				-0.057			
地理距离		0.177***				0.211**		
		-0.049				-0.104		
基因距离			21.213***				23.192**	
			-6.005				-10.275	
纬度差				0.017*				0.034
				-0.01				-0.028
经度差				0.007				0.01
				-0.007				-0.007
年龄	-0.007***	-0.007***	-0.008***	-0.007***	-0.010***	-0.010***	-0.009**	-0.011***
	-0.002	-0.002	-0.002	-0.002	-0.003	-0.003	-0.004	-0.003
男性	0.126***	0.126***	0.138***	0.126***	0.117***	0.129***	0.116***	0.127***
	-0.014	-0.014	-0.015	-0.014	-0.017	-0.018	-0.03	-0.02
少数民族	-0.418***	-0.417***	-0.432***	-0.417***	-0.391***	-0.352***	-0.434***	-0.352***
	-0.03	-0.03	-0.031	-0.03	-0.036	-0.045	-0.053	-0.047
城镇户口	2.107***	2.107***	2.100***	2.107***	2.092***	2.144***	2.093***
	-0.022	-0.022	-0.023	-0.022	-0.025	-0.028	-0.05	-0.031

· 120 ·

续表

	(A) HDFE				(B) HDFE–2SLS			
	(1)	(2)	(3)	(4)	(5)	(6)	(7)	(8)
已婚	0.083***	0.083***	0.097***	0.083***	0.105***	0.112***	0.155***	0.117***
	−0.019	−0.019	−0.019	−0.019	−0.023	−0.026	−0.052	−0.029
曾迁移	0.529***	0.528***	0.557***	0.528***	0.515***	0.465***	0.566***	0.451***
	−0.025	−0.025	−0.026	−0.025	−0.029	−0.039	−0.045	−0.043
兄弟姐妹数	−0.160***	−0.160***	−0.160***	−0.160***	−0.151***	−0.146***	−0.156***	−0.143***
	−0.008	−0.008	−0.008	−0.008	−0.01	−0.011	−0.014	−0.012
迁移父母数	0.131***	0.116***	0.152***	0.121***	−3.633***	−3.217**	−3.694	−3.910***
	−0.036	−0.032	−0.043	−0.032	−1.575	−1.287	−2.657	−1.474
父母平均受教育年份	0.100***	0.101***	0.108***	0.101***	0.123***	0.151***	0.153***	0.163***
	−0.007	−0.007	−0.007	−0.007	−0.012	−0.021	−0.033	−0.025
父母平均受教育年份^2	0.011***	0.011***	0.011***	0.011***	0.009***	0.005***	0.006	0.004
	−0.001	−0.001	−0.001	−0.001	−0.001	−0.002	−0.004	−0.003
固定效应总数	1,837	1,837	1,837	1,837	1,837	1,837	1,837	1,837
一阶段 F 检验	–	–	–	–	13.415***	21.054***	15.733***	12.060***
p 值	–	–	–	–	0.000	0.000	0.000	0.000
过度识别检验	–	–	–	–	2.203	1.033	5.105	5.105
p 值	–	–	–	–	−0.138	−0.597	−0.078	−0.699
样本量	97 508	97 508	97 508	97 508	97 508	97 508	97 508	97 508

注：＊＊＊、＊＊、＊分别表示在1%、5%、10%水平上有统计学意义。

8.4.2 来自 CHNS 样本的个体身高分析结果

尽管我们已经得到了父母遗传差异程度与后代受教育程度之间存在正向联系的较强证据，但若跨省婚姻的选择发生在不可观测变量上，仍不能肯定二者间的因果关系。因而作者进一步分析后代的身高表型。作者假设个体可能由于更高的能力与智力水平而实现跨省婚姻（内生），但对于身高而言是更接近外生的。作者感兴趣的是，当用后代身高替换后代受教育程度以代表其遗传适应性时，异配优势效应是否仍存在？表8-4显示，答案仍然是肯定的。

在控制了父母的平均身高（遗传可能）与解释个体/家庭差异的814

个固定效应后,采用多种方法估计得到的异配优势对后代身高的影响仍是稳健且显著的。平均而言,来自跨省婚姻产生的后代身高较他者高 0.88 厘米(见表 8-4 中第 1 列),父母间地理距离每增加 1000 公里,将导致其后代的身高增加 0.94 厘米。父母间遗传距离每增加 0.01,其后代身高将增加 0.38 厘米。有趣的是,纬度层面后代个体的身高差异微乎其微,某种程度上表明后代高度的方向差异与 Chen 等(2009)提出的遗传证据相一致。

这些来自 CHNS 补充样本得到的结论显示异配优势效应的存在不仅限于后代受教育程层面,而可能更广泛地存在于其他更多与生物适应性有联系的层面,如后代的身高。

表 8-4　以身高为因变量的回归结果

	(1)	(2)	(3)	(4)
跨省婚姻	0.876**			
	−0.378			
地理距离		0.937**		
		−0.425		
基因距离			37.601**	
			−16.76	
纬度差				0.173*
				−0.094
经度差				0.01
				−0.082
年龄	−0.139	−0.139	−0.189	−0.14
	−0.089	−0.089	−0.191	−0.089
年龄^2	0	0	0.001	0
	−0.002	−0.002	−0.002	−0.002

续表

	（1）	（2）	（3）	（4）
男性	11.249***	11.249***	11.213***	11.255***
	−0.122	−0.122	−0.125	−0.122
少数民族	−0.372	−0.379*	−0.391*	−0.365
	−0.229	−0.229	−0.232	−0.229
父母平均身高	0.004***	0.004***	0.004***	0.004***
	−0.001	−0.001	−0.001	−0.001
固定效应总数	814	814	814	814
样本量	10 412	10 412	10 412	10 412

注：＊＊＊、＊＊、＊分别表示在1%、5%、10%水平上有统计学意义。

8.4.3 性别差异

由于男性与女性在受教育程度过程中呈现出的结构性差异，我们将男性与女性分开进行估计，通过估计此两分开的次级样本，区别异配优势效应的性别差异。虽然对两性别的估计显示了类似的结果，但异配优势效应在男性后代中通常比女性后代更强。来自于跨省婚姻产生的男性后代，其平均受教育年限增加了0.15年，身高平均增长了1.15厘米。而对于女性后代而言，此估计结果为0.06年与0.35厘米，量级与显著性较之男性群体均较小。同样的，父母出生地距离每增加1000公里，男性后代的受教育年限增加0.25年，而女性后代仅增加0.18年。这样的性别差异与生物学中的相关发现一致，对于适应性的指标，雄性表现通常优于雌性，这可能是由于性别选择导致的。

8.5　小结

简要而论，本研究的结果表明，异配优势效应是跨省婚姻的后代的受教育程度提高与身高增长的重要贡献因素。各种估计方法得到的异配优势效应均是稳健的，在控制了遗传可能、环境因素影响与跨省婚姻潜在的内生性后，稳健性仍然显著。此外，异配优势效应在男性群体中更强。这一研究结果是初次从社会经济学角度提供了人类的异配优势效应的证据。本研究也为社会科学家与经济学家发现的混血人种通常具有更优表现提供了新的解释。现有研究为跨省婚姻潜在地有益于人力资本积累提供了线索。随着现代化的进展，地理距离在婚姻市场变得越发不重要，中国以及世界范围内，"跨省婚姻"（此处"省"泛指州、省、人种、民族、国家等）变得越发频繁，这意味着从进化的观点看来，智力的异配优势对于整个人类而言是意义深远的。

现有研究的主要遗憾是未能基于个体的基因组信息测量个体间的遗传距离。尽管祖父母一代的省际迁移率较低（1950 年前出生的个体仅为1.51%），这极大地缓解了基于父母出生地对其进行分类是错误的担忧，剩余的问题是未能通过直接联系个体间全基因组的杂合度，据此提高社会经济学方面的表现。另一个制约是，跨省婚姻在孩子的培育过程中若有未被观测到的文化融合优势，则本研究关于异配优势效应的估计结果在一定程度上是高估的。未来的研究可着力于采用其他方法测量遗传距离或染色体杂合性，以期在个体层面获得对人类异配优势表型特征更为深入的理解。

第 9 章

再议劳动力市场中的
"外貌溢价"现象

1994 年，劳动经济学家 Hamermesh 和 Biddle 提出了"外貌溢价"（Beauty Premium）的概念。2011 年，Hamermesh 撰写了《美的回报：为什么漂亮的人更成功》一书，进一步构建了劳动力市场中的"外貌经济学"。"外貌溢价"现象泛指身高较高、体态和长相较好的劳动者普遍而言有着更高的收入，来自不同国家的众多经验研究均发现了劳动力市场上存在的外貌溢价现象。在本章中，我们基于遗传经济学原理与核心研究方法，以个体层面基因数据作为工具变量，重新考察外貌特征与收入之间的因果关系，以及我国劳动力市场中"外貌溢价"现象的内在形成机制。

9.1 研究背景

人力资本不但决定着个体劳动生产率和收入水平，还对宏观经济增长和发展至关重要（蔡昉，2013）。作为其中一个重要组成部分，健康人力资本与经济生产率水平之间的关系也一直为学术界所关注（张车伟，2003；刘国恩等，2004）。自 Becker（1964）和 Grossman（1972）提出人力资本理论和健康生产函数理论以来，许多研究试图以身高和体格作为健康指标，亦即从人力资本积累的"信号"视角证明其与劳动生产率或收入间的正向关系。但很长一段时间里，对这一问题的研究并没有取得令人信服的结论并达成共识，原因在于健康人力资本本身与劳动生产率或收入之间存在复杂的双向因果联系，如果在研究中不能很好地控制住一内生性问题，则所获得的正相关性无法作为因果推断的依据。

随着微观数据可及性的提高，研究者们开始以被访者亲属的身高、体格变量或是地区平均值等作为工具变量对这一问题进行研究，很多改进后的研究都表明了健康人力资本对个体劳动生产率和收入具有显著的促进作用（Steckel，1995；Strauss 和 Thomas，1998；Persico 等，2004；Case 和 Paxson，2008；Böckerman 等，2010；Schick 和 Steckel，2010；张车伟，2003；刘国恩等，2004）。近年来，另一种流行的观点认为，身高和体格作为外表特征变量，其与工资收入之间的正相关性（即"外貌溢价"或"美貌溢价"；Hamermesh 和 Biddle，1993）主要是来源于全球劳动力市场中普遍存在的"外貌歧视"现象，而非劳动者本身的人力资本水平。例如身高较高或身材更匀称的劳动者更容易受到雇主的器重或是消费者的喜爱，从而在职场中处于有利地位，获得更高的报酬和更大的晋升机会；相反，个子较矮、超重或肥胖的劳动者则更难在职场中获得青睐（Harper，2000；Cawley，2004；Baum 和 Ford，2004；Cinnirella 和 Winter，2009；Hamermesh，2011；潘杰等，2011；江求川、张克中，2015；郭继强等，2016）。目前，学界对于身高和体格影响劳动收入的具体作用机制仍存在争议。

作为我国全面建成小康社会的重中之重，以上两种观点对于"缩小收入差距"这一重要改革目标的政策含义大为不同。如果身高和体格仅仅是由于职场中片面审美观而导致的"外貌歧视"途径影响劳动者收入，那么制定促进和完善劳动力市场公平竞争机制、引导和改变企业对外表特征偏好的相关政策法规就尤为重要。但如果身高和体格是通过作为人力资本积累的途径而影响劳动生产率和收入，那么单纯禁止劳动力市场里的外貌歧视将只是"隔靴搔痒"，无法在本质上解决与之相关的收入差距问题，且很可能造成资源错配、效率降低等副作用。因此，厘清身高和体格这两种关乎每一名劳动者的特征因素究竟通过何种途径来影响劳动生产率或收入就变得至关重要，也对进一步制定缩小收入差距的相关政策具有重要的实践指导意义。

在本研究中，我们依据孟德尔随机化法的精髓，利用遗传经济学数据集中丰富的个人层面遗传基因变量，创新性地将个体外表特征多基因评分（Polygenic Score，PGS）作为工资方程中身高和体质指数的工具变量，采用两阶段最小二乘法考察劳动者外表特征对于工资报酬的因果效应，并利用链式多重中介效应模型深入检验"外貌溢价"现象的成因及发生机制。这将有助于我们重新审视劳动者外表特征与收入相关性的实质，丰富和完善对于这一问题的讨论。

我们采用的数据来自深圳早知道科技有限公司于 2018 年 5 月至 2019

年 7 月收集的调查样本，代表人群主要为我国大中型城市中受教育程度较高的劳动者。该调查细致地收集了基因检测用户的体重、身高、年收入、教育水平、年龄等方面的信息，同时还包含了每名被访者的基因芯片检测信息（约 1000 万个碱基对/人）。这将允许我们根据文献中最新报告的身高和体质指数（BMI）相关基因的 GWAS 结果构建出个体劳动者的身高以及 BMI 多基因评分（Wood 等，2014；Yengo 等，2018），并在回归分析中作为基因工具变量。

普通最小二乘法（Ordinary Least Squares，OLS）回归结果表明，我国当前劳动力市场中确实存在"外貌溢价"现象，即较高的身高和较低的 BMI 都与工资收入高度正相关。同时，异质性分析显示，教育水平能够在一定程度上削弱"外貌溢价"的存在，显示了教育的社会"平衡器"功能。另一方面，在控制了身高和 BMI 的内生性后，对于样本所代表的我国大中型城市中受教育程度较高的劳动者而言，孟德尔随机化法结果显示外表特征与收入间并不存在显著的因果关系，表明 OLS 回归结果中的身高和 BMI 估计值分别存在不同程度的向上和向下偏误。进一步机制分析表明，OLS 回归中获得的身高和 BMI 系数很大程度上捕捉到的是认知/非认知能力遗漏变量的影响。换句话说，劳动者"外貌溢价"现象的本质很大程度上是个体间包括认知能力与非认知能力在内的人力资本积累上的差异，而非来源于劳动力市场中的直接外貌歧视或偏好。同时，这也从侧面表明一个人幼年和青少年时期的成长环境、营养健康状况等非遗传性因素不但对身高生长、体型塑造和人力资本的积累至关重要，还将对其成年后在劳动力市场中的表现产生深远影响。

9.2　文献综述

在我国劳动力市场的现有文献中，高文书（2009）利用 12 个主要城市的住户调查数据发现，身高对男性和女性劳动者的工资报酬均有显著的正向影响。潘杰等（2011）采用国务院城镇居民基本医疗保险入户调查数据发现 BMI 对就业状态具有显著影响。江求川、张克中（2013）利用中国健康和营养调查数据（CHNS）的研究发现，我国劳动力市场中存在对女性的外貌歧视行为，个子较矮或身材较胖都对个人工资收入具有显著的负面影响，但对男性的外貌歧视则不明显。然而，这些研究存在一个明显的不足，那就是仍普遍将劳动者外表特征变量作为外生变量对待（Schultz，2002；Persico 等，2004；Case 和 Paxson，2008；Yamamura 等，2015；江求川、张克中，2013），忽略了身高、体重、BMI 等变量的内生性问题（Cawley，2004，2015；Böckerman 等，2017，2019）。

事实上，人类外表特征虽然 50%—80% 受遗传因素决定，但仍有 20%—50% 由个体的成长环境（如胎儿时期母亲营养状况、幼年时期营养健康程度、父母健康人力资本投资等）、生活方式（如健康饮食、锻炼身体习惯等）、文化、性格等非遗传因素所决定（Elks 等，2012；Allen 等，2010；McEvoy 和 Visscher，2009）。这类不可观测的混杂因子（Confounding Factors）有可能同时影响个体外表特征及其在劳动力市场中的表现，由此导致外表特征的内生性以及多元回归结果的偏误。同时，工资收入与外表特征中的体重、BMI、身高之间还可能存在反向因果关系（Cawley，2004；Böckerman 等，2017）。因此，对于劳动力市场中个体外表与工资报酬之间因果关系的推断，必须建立在充分考虑外表特征变量内生性与潜在遗漏变量和双向因果关系的基础之上。

现有文献中通常采用三种方法来处理工资方程中个体外表特征的内生性问题。第一类是采用被访者亲属（如兄弟姐妹）的相关外表特征变量作为工具变量进行回归（Cawley，2004；Brunello 和 D'Hombres，2007）；这种方法利用了亲属之间身高、体重、BMI 等外表特征的高度遗传性，但仍无法避免非遗传性混杂因素有可能同时影响被访者和其亲属的外表特征，违反了工具变量的排他性约束。第二类是采用滞后的外表特征变量直接替换工资方程中的当前外表特征变量（Gortmaker 等，1993；Sargent 和 Blanchflower，1995；Averett 和 Korenman，1996；江求川、张克中，2013）；但这种方法无法剔除同时与当前工资收入和滞后外表特征变量相关的混杂因素所造成的结果偏误（Cawley，2004）。第三类是利用双胞胎数据同时剔除不可观测的遗传和家庭环境因素对于外表特征及收入的影响（Behrman

和 Rosenzweig，2001；Böckerman 和 Vainiomäki，2013）；但受客观环境限制，双胞胎数据通常样本量较小且可能存在样本代表性问题。此外，现有文献中的另一个不足之处在于通常只考虑了单一外表特征变量的内生性，忽略了体重—身高或是 BMI—身高在工资方程中的多变量内生性问题。

9.3　数据与变量

如前所述，我们采用的数据来自于参与调研的基因检测用户，主要为我国大中型城市中受教育程度较高的个人，共包含 4101 个个体的基因信息、体型特征及社会经济特征信息。其中我们所考察的核心被解释变量为劳动者的年收入。在剔除了数据缺失、学生、16 岁以下以及 65 岁以上的个体之后，最终的样本里包含 3846 个观测值。个体的基因分型（Genotyping）采用了 AffyMetrix 公司定制基因芯片和 PLINK（1.90 Beta）、SHAPEIT（v2.17）、IMPUTE2（v2.3.1）等软件，对于每个样本我们获得 10 670 107 个 SNP 用于后续基因工具变量的构建与实证分析。

多基因评分是与特定性状相关的有效等位基因加权和，可根据全基因组关联分析的结果构建（Beauchamp 等，2011）。根据 Yengo 等（2018）和 Wood 等（2014）的研究，我们收集获得了 697 个与身高以及 941 个与 BMI 显著（$p < 5 \times 10^{-8}$）相关的 SNP 位点的 GWAS 回归系数。对于样本中劳动者的每一个 SNP 位点 k，我们首先计算出低频等位基因的个数（0、1 或 2），加权后即可得到个体 i 的身高和 BMI 多基因评分：

$$PGS\_Height_i = \sum_{k=1}^{K=697} \beta_k SNP_{k,i}^{Height} \tag{9.1}$$

$$PGS\_BMI_i = \sum_{j=1}^{J=941} \beta_j SNP_{j,i}^{BMI} \tag{9.2}$$

国外近年来已逐渐开始有经济学研究利用基因工具变量和孟德尔随机化法考察身高、BMI 等外表特征对劳动力市场表现的因果影响。例如 Scholder 等（2013）曾采用早期报道的 9 个与身高相关的 SNP 位点信息作为儿童身高的工具变量，以检验英国儿童身高与人力资本表现间的因果关系。Böckerman 等（2017）基于 180 个身高相关 SNP 位点构建出身高多基因评分，并以此为工具变量检验芬兰劳动力市场中身高对于报酬收入的因果效应。Böckerman 等（2019）通过构建基于 97 个 BMI 相关 SNP 位点的 BMI 多基因评分考察了身材胖瘦对于芬兰劳动者就业和工资报酬的影响。与这些研究相比，我们采用了遗传学研究最新发现的人类 BMI 和身高相关基因位点，并全面评估和建立了多基因评分作为工具变量的有效性。

表 9-1 报告了主要变量的描述性统计信息。从表中可以看出，样本个体的平均年收入约为 10.3 万元，平均受教育程度为 15.9 年，均高于全国平均水平[1]；这与 Roberts 和 Ostergren（2013）此前报告的欧美基因检测用户多为受教育程度较高的中产阶级的结果相类似。因此，该样本所代表的人群主要为我国大中型城市中受教育程度较高的劳动者，这一样本局限性需要在结果解读方面给予强调。

表 9-1　主要变量描述性统计（样本量＝3846）

变量	均值	方差
年收入（元）	102836.5	153570.4
年收入自然对数	11.5	0.8
年龄（年）	29.3	8.0
受教育年限（年）	15.9	2.7
实际 BMI	22.6	3.8
实际身高（厘米）	168.7	8.9
BMI 多基因评分（PGS_BMI）	0.51	0.16
身高多基因评分（PGS_Height）	0.52	0.17
出生地类型——乡村	9.1%	—
出生地类型——县城	41.3%	—
出生地类型——大中城市	49.6%	—

---

　　[1]　2018 年我国 37 个主要城市的平均工资约为 9.2 万元/年［EB/OL］.（2018-01-11）［2020-10-30］. http://news.sina.com.cn/o/2018-01-11/doc-ifyqqciz5327831.shtml；2015 年我国 16-59 岁劳动年龄人口的平均受教育年限为 10.2 年［EB/OL］.（2017-07-25）.［2020-10-30］. http://www.gov.cn/xinwen/2017/07/25/content_5213292.htm。

9.4　实证策略与模型设定

我们首先采用基准模型对全样本进行回归，以验证我国劳动力市场中是否存在由身高和体型所引起的"外貌溢价"现象。为了避免身高与 BMI 相关性而导致的多重共线性等问题，我们将身高与 BMI 作为主要自变量分别进行回归。基准模型设定如下：

$$\ln w_i = \beta^{Height} Height_i + \gamma^{Height} X_i + \epsilon_i^{Height} \tag{9.3}$$

$$\ln w_i = \beta^{BMI} BMI_i + \gamma^{BMI} X_i + \epsilon_i^{BMI} \tag{9.4}$$

其中，$\ln w_i$ 代表个人（i）年收入的自然对数，$Height_i$ 为劳动者的实际身高，BMI_i 为劳动者的实际身体质量指数[1]，X_i 为一系列能够影响收入的个体特征控制变量，如年龄、受教育年份等；此外，为了控制区域间的系统性收入差异，我们还加入了劳动者所在省份的虚拟变量。β、γ 为相应的待估计系数，ϵ 为随机扰动项。当身高和 BMI 为严格外生时，我们可以通过 OLS 直接对式（9.3）和式（9.4）进行回归，获得个人身高和 BMI 对收入影响的估计值 β^{Height} 和 β^{BMI}。

其次，我们在基准模型中分别加入外貌变量与教育水平、外貌变量与年龄的交叉项，以考察"外貌溢价"在不同学历、不同年龄人群中的潜在异质性表现。模型设定如下：

$$\ln w_i = \beta^{Height} Height_i + \lambda^{Height} Height_i \times eduyear_i + \gamma^{Height} X_i + \epsilon_i^{Height} \tag{9.5a}$$

$$\ln w_i = \beta^{Height} Height_i + \lambda^{Height} Height_i \times age_i + \gamma^{Height} X_i + \epsilon_i^{Height} \tag{9.5b}$$

$$\ln w_i = \beta^{BMI} BMI_i + \lambda^{BMI} BMI_i \times eduyear_i + \gamma^{BMI} X_i + \epsilon_i^{BMI} \tag{9.6a}$$

$$\ln w_i = \beta^{BMI} BMI_i + \lambda^{BMI} BMI_i \times age_i + \gamma^{BMI} X_i + \epsilon_i^{BMI} \tag{9.6b}$$

由于诸多文献已报告了收入方程中身高、BMI 等外表特征变量的内生性问题（Cawley，2004，2015；Böckerman 等，2017，2019），且身高和

---

[1]　身体质量指数 BMI 的计算公式为：BMI = 体重（kg）/身高^2（m）。

BMI 均已被证实受遗传因素影响较大，[1]因此，为了进一步细化内生性来源，我们用以下方程表示影响个体身高的潜在因素：

$$Height_i = \delta^{Height} X_i + \mu^{Height} w_i + G_i^{Height} + NG_i^{Height} + \xi_i^{Height} \qquad (9.7)$$

其中 X_i 和 w_i 与式（9.3）中的定义一致，分别代表劳动者个体特征控制变量以及年收入。G_i^{Height} 代表影响个体身高的遗传因素，NG_i^{Height} 代表影响个体身高的其他非遗传因素（如性格、文化、生活方式、思维方式、非认知能力、童年成长环境等），ξ_i^{Height} 为身高方程的误差项。由式（9.7）可知，收入方程中个人身高的内生性主要表现在以下两个方面：（1）工资收入与身高之间可能存在反向因果联系（即 $\mu^{Height} \neq 0$）；（2）影响个体身高的其他不可观测非遗传因素可能会同时影响个人收入，造成遗漏变量偏差。这两种情况都使得式（9.3）中的 $Height_i$ 与 ϵ_i^{Height} 相关联，导致 β^{Height} 的 OLS 估计值有偏。

同理，我们可以写出如下公式：

$$BMI_i = \delta^{BMI} X_i + \mu^{BMI} w_i + G_i^{BMI} + NG_i^{BMI} + \xi_i^{BMI} \qquad (9.8)$$

与式（9.7）中类似，X_i、w_i 分别代表劳动者个体特征控制变量和年收入；G_i^{BMI}、NG_i^{BMI} 分别为影响个体 BMI 的遗传因素和其他非遗传因素；ξ_i^{BMI} 为 BMI 方程的误差项。由于 BMI 和收入间的双向因果关系以及遗漏变量偏差，OLS 回归中的 β^{BMI} 估计值也会是有偏的。

为解决外貌特征变量的内生性问题，根据孟德尔随机化法的原理，我们以身高和 BMI 多基因评分变量作为工具变量，采用两阶段最小二乘法分别估计身高与 BMI 对我国劳动者工资报酬的因果影响：

$$\begin{cases} \ln w_i = \alpha^{Height} Height_i + \gamma^{Height} X_i + \varepsilon_i^{Height} \\ Height_i = \rho_1^{Height} X + \rho_2^{Height} Z^{Height} + \upsilon_i^{Height} \end{cases} \qquad (9.9)$$

$$\begin{cases} \ln w_i = \alpha^{BMI} BMI_i + \gamma^{BMI} X_i + \varepsilon_i^{BMI} \\ BMI_i = \rho_1^{BMI} X + \rho_2^{BMI} Z^{BMI} + \upsilon_i^{BMI} \end{cases} \qquad (9.10)$$

---

　　[1]　最新的全基因组遗传学研究显示，个体身高与 BMI 的遗传度（Heritability）分别高达 79%和 40%（Wainschtein 等，2019）。这表明身高与 BMI 受遗传因素影响较大，为基因变量作为工具变量奠定理论基础。

其中 X_i 与式（9.3）和式（9.4）中的控制变量相同，包括劳动者性别、受教育年份、省份虚拟变量等。实际身高与实际 BMI 在 2SLS 中被当作内生变量对待，我们将采用下文中讨论的身高多基因评分（PGS_Height）和 BMI 多基因评分（PGS_ BMI）作为外生工具变量 Z 。

最后，我们利用样本中丰富的认知/非认知能力多基因评分等信息，通过分析外貌变量与认知能力、风险偏好、时间折扣等多基因评分变量之间的关系，采用多重中介效应模型进一步检验我国劳动力市场中"外貌溢价"现象的发生机制。

9.5　基因工具变量的有效性检验

在本研究中，多基因评分被用于处理内生性问题的前提条件，是满足工具变量有效性的三个重要条件，即相关性、独立性、与排他性。我们在此一一进行讨论。

9.5.1　相关性

即身高多基因评分应与实际身高相关，BMI 多基因评分应与实际 BMI 相关。在本书的研究设计中，鉴于身高多基因评分和 BMI 多基因评分的构建本身基于特定遗传位点与实际身高和 BMI 之间存在牢固关联，因此工具变量相关性的条件得到先验满足（Yengo 等，2018；Wood 等，2014）。为了验证样本中相关性条件是否满足，我们绘制了多基因评分变量与实际外貌特征的关系图以进行比较。如图 9-1（a）所示，首先，实际身高（y轴）与身高多基因评分（x 轴）在样本中均近似为正态分布，符合理论预期；其次，以实际身高每 2 厘米为区间取样本的身高多基因评分均值作散点图，显示二者之间呈现明显的线性正相关关系，这表明当以身高多基因评分作为实际身高的工具变量时，工具变量相关性条件满足。与此类似，图 9-1（b）也显示了样本中实际 BMI 和 BMI 多基因评分之间的线性正相关关系，表明当以 BMI 多基因评分作为实际 BMI 的工具变量时，工具变量相关性条件同样得到满足。因此，在 2SLS 回归中，我们将身高多基因评分和 BMI 多基因评分分别作为实际身高和 BMI 的工具变量纳入 MR 分析框架中，并进一步进行弱工具变量检验。

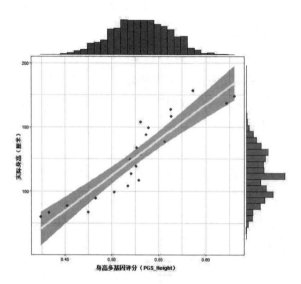

（a）身高多基因评分（PGS_ Height）与实际身高

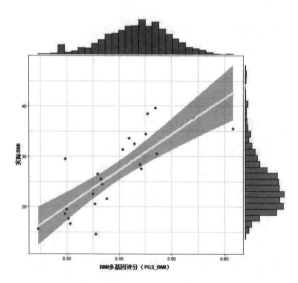

（b）BMI 多基因评分（PGS_ BMI）与实际 BMI

图 9-1　多基因评分变量与实际外貌特征变量的关系及分布特征

9.5.2 独立性

独立性是指多基因评分在人群中应为随机分配，不应与混杂因子相关联。基因数据的一个独特之处就在于"每个人的基因在形成时都是一个近似随机的过程，并且在个体出生前就已经决定；基因本身不会在出生后受到外在环境因素的影响而改变"（Smith 和 Ebrahim，2004）。根据孟德尔遗传定律，父母的遗传信息（DNA）在形成生殖细胞并传给子女时会随机进行分配。这一遗传特性也奠定了多基因评分满足随机性条件的基础（Zhu 等，2020）。另一方面，Davies 等（2019）的最新研究显示，从父母到后代的遗传变异的随机性可能不能保证遗传变异和不可观测混杂因子之间是完全独立的。例如人群分层现象（Population Stratification），会使得个体由于拥有不同祖源或民族而显示出基因频率及外貌特征上的系统性差异（Brumpton 等，2020），导致独立性假设条件失效。对此，我们创新性地引入基于个体基因分型数据构建的 10 个主要祖源控制变量，以进一步满足MR 设计中的独立性条件（Davies 等，2019；Zhu 等，2020）。祖源变量的构建是通过将每个个体的基因组与数据库中数百或数千名已知祖源信息的人进行比较，而得到的不同祖源 DNA 占比（所用生物信息分析软件为 AD-MIXTURE）。表 9-2 报告了样本中祖源控制变量的信息，其中北方汉族和南方汉族在样本人群中的平均占比最高，分别为 52.5% 和 29.0%。

表 9-2　祖源控制变量

祖源变量	均值	方差
北方汉族	0.525	0.292
南方汉族	0.290	0.272
蒙古族	0.064	0.117
纳西族/彝族	0.031	0.062
日本	0.025	0.044
高山族	0.010	0.020
傣族	0.009	0.022

续表

祖源变量	均值	方差
韩国	0.008	0.011
京族	0.007	0.017
畲族	0.006	0.011

9.5.3 排他性约束

排他性约束是指多基因评分只应通过内生性变量这一途径影响被解释变量，不存在基因多效性。基因多效性是指一个遗传基因可以影响多种个体行为特征的情况（Willage，2018）。很显然，在本书的研究设计中，假如身高或 BMI 多基因评分能够直接影响个体收入，则无法满足工具变量的排他性假设（von Hinke 等，2016）。第一，由于现有遗传学文献中并没有发现能够同时决定身高与收入、BMI 与收入的遗传基因位点，基因多效性对于当前研究设计而言不太可能是一个严重威胁。第二，我们参照 Vander Weele 等（2014）的研究，估计了身高多基因评分和 BMI 多基因评分对个体收入的简化模型（排除内生性解释变量之后）。假如多基因评分对于个体收入没有直接因果影响，则可以认为潜在的基因多效性威胁微不足道。简化模型的回归结果验证了这一预期，如表 9-3 所示，模型 1 和模型 2 中多基因评分变量的估计系数都无统计学意义，表明多基因评分对收入变量的预测能力很小。第三，我们在 2SLS 回归中进行了正式的过度识别检验（详见第 6 章），结果进一步支持了在 MR 框架中使用身高和 BMI 多基因评分作为实际身高和 BMI 工具变量的有效性。

表 9-3　简化模型回归结果

因变量：收入对数	（1）模型 1	（2）模型 2
身高多基因评分（PGS_ Height）	0.013	－
	（0.135）	－
BMI 多基因评分（PGS_ BMI）	－	0.021
	－	（0.127）
年龄	0.027***	0.027***
	（0.003）	（0.003）
受教育年限	0.108***	0.109***
	（0.010）	（0.010）
出生地类型——县城	0.031	0.031
	（0.071）	（0.071）
出生地类型——大中城市	0.177**	0.175**
	（0.070）	（0.070）
截距	8.338***	8.391***
	（0.233）	（0.233）
省份虚拟变量	是	是
祖源控制变量	是	是
样本量	3846	3846
R^2	0.135	0.135

注：*、**、***分别表示在 10%、5% 和 1% 的水平上显著，括号内为标准误。"出生地类型——乡村"为出生地类型虚拟变量的基准项。

9.6 实证回归结果

9.6.1 体型与收入关系的基准模型

我们首先基于式（9.5）和式（9.6）考察"外貌溢价"现象在当前劳动力市场中是否存在。表9-4给出了收入方程的OLS回归结果，其中模型1—3和模型4—6分别为身高与收入、BMI与收入的关系。在模型1和模型4中我们只控制了个体的年龄和受教育年限，其结果表明，当身高每增加1厘米，劳动者年收入会提高1.5%（模型1），而当BMI每增加1时年收入则会降低1.0%（模型4），验证了我国劳动力市场中身高与收入的正相关性以及BMI与收入的负相关性。为了增加结果的稳健性，我们在模型2和模型5中控制了有可能影响个体收入的幼年生活环境因素，即出生地类型虚拟变量（农村/县城/大中城市）。模型3和模型6中进一步加入了省份虚拟变量以控制地区间的系统性工资差异。与模型1和模型2相比，模型3和模型6中的身高和BMI估计系数绝对值有所减小，但仍然显著，即当身高每增加1厘米时劳动者年收入会提高1.3%，而当BMI每增加1时年收入则会降低0.08%。这表明对于样本所代表的我国大中型城市中受教育程度较高的个人而言，劳动力市场中仍普遍存在"外貌溢价"现象，与高文书（2009）、江求川和张克中（2013）报告的OLS结果相类似。

表9-4 基准模型 OLS 回归结果

因变量：收入对数	(1) 模型1	(2) 模型2	(3) 模型3	(4) 模型4	(5) 模型5	(6) 模型6
实际身高	0.015***	0.013***	0.013***			
	(0.002)	(0.002)	(0.002)			
实际BMI				-0.010**	-0.009**	-0.008**
				(0.005)	(0.005)	(0.005)
年龄	0.028***	0.027***	0.027***	0.027***	0.027***	0.026***
	(0.003)	(0.003)	(0.003)	(0.003)	(0.003)	(0.003)
受教育年限	0.113***	0.110***	0.094***	0.111***	0.108***	0.094***
	(0.010)	(0.010)	(0.010)	(0.010)	(0.010)	(0.010)

续表

因变量：收入对数	(1) 模型 1	(2) 模型 2	(3) 模型 3	(4) 模型 4	(5) 模型 5	(6) 模型 6
出生地类型——县城		0.025	0.040		0.030	0.045
		(0.071)	(0.071)		(0.071)	(0.072)
出生地类型——大中城市		0.172**	0.105		0.179**	0.113
		(0.069)	(0.070)		(0.070)	(0.071)
截距	6.519***	6.511***	6.620***	8.896***	8.843***	9.138***
	(0.435)	(0.434)	(0.433)	(0.217)	(0.218)	(0.224)
省份虚拟变量	否	否	是	否	否	是
样本量	3846	3846	3846	3846	3846	3846
R^2	0.137	0.145	0.217	0.122	0.129	0.196

注：*、**、***分别表示在10%、5%和1%的水平上显著，括号内为标准误差。"出生地类型——乡村"为出生地类型虚拟变量的基准项。

9.6.2 体型对不同学历、不同年龄段人群收入的异质性影响

上文中我们将样本中的劳动者作为一个整体进行了考察。然而，对于不同学历水平与年龄层的劳动者而言，由于其所处的劳动环境有可能大为不同，"外貌溢价"情况可能存在差异。为了考察"外貌溢价"现象这种潜在的异质性，我们在基准模型中加入了体型与受教育年限交叉项、体型与是否接收高等教育（大学及以上学历；其中基准组为大学以下学历）交叉项，以及体型与年龄段（30—39 岁，40 岁及以上；其中基准组为 30 岁以下）的交叉项。由表 9-5 的回归结果可见，更高的受教育年限和大学及以上学历均有助于缓解"身高溢价"的程度（模型 1 和模型 2），同时抵消由较高 BMI 所带来的"肥胖工资歧视"（模型 3 和模型 4）。这表明在由劳动者身高和体格差异所引起的工资差异问题中，教育能够发挥收入的"平衡器"与"稳定器"功能。

模型 5 的回归结果表明，相较于 30 岁以下的劳动者群体，身高溢价现象在 30—39 岁、40 岁及以上群体中的作用更明显。模型 6 的结果显示，BMI 对收入的负面影响在 30 岁以下的年轻劳动者中更明显，与基准模型中

的结论相似；但对于 30—39 岁、40 岁及以上群体而言，BMI 对收入的净影响转变为正，符合我国民间将偏胖体型与"富贵相""富态"相联系的实用性论断。

表 9-5 异质性影响回归结果

因变量：收入对数	(1) 模型 1	(2) 模型 2	(3) 模型 3	(4) 模型 4	(5) 模型 5	(6) 模型 6
实际身高	0.006**	0.016***			0.014***	
	(0.002)	(0.002)			(0.002)	
实际身高×受教育年限	−0.001***					
	(0.000)					
实际身高×大学及以上		−0.002***				
		(0.000)				
实际身高×30—39 岁					0.002***	
					(0.000)	
实际身高×40 岁及以上					0.003***	
					(0.000)	
实际 BMI			−0.060***	−0.010*		−0.009*
			(0.009)	(0.005)		(0.005)
实际 BMI×受教育年限			0.004***			
			(0.000)			
实际 BMI×大学及以上				0.012***		
				(0.002)		
实际 BMI×30—39 岁						0.017***
						(0.002)
实际 BMI×40 岁及以上						0.024***
						(0.003)
年龄	0.027***	0.029***	0.026***	0.028***		
	(0.003)	(0.003)	(0.003)	(0.003)		
受教育年限					0.097***	0.097***
					(0.010)	(0.010)
出生地类型——县城	0.042	0.136*	0.053	0.139*	0.036	0.043
	(0.071)	(0.071)	(0.072)	(0.072)	(0.070)	(0.071)
出生地类型——大中城市	0.106	0.191***	0.120*	0.197***	0.092	0.100
	(0.070)	(0.070)	(0.071)	(0.071)	(0.070)	(0.070)

续表

因变量: 收入对数	(1) 模型 1	(2) 模型 2	(3) 模型 3	(4) 模型 4	(5) 模型 5	(6) 模型 6
截距	8.173***	8.160***	10.668***	10.610***	7.356***	9.852***
	(0.403)	(0.408)	(0.153)	(0.155)	(0.421)	(0.219)
省份虚拟变量	是	是	是	是	是	是
样本量	3846	3846	3846	3846	3846	3846
R^2	0.217	0.198	0.193	0.177	0.228	0.207

注: *、**、***分别表示在 10%、5% 和 1% 的水平上显著,括号内为标准误差。"出生地类型——乡村"为出生地类型虚拟变量的基准项。

9.6.3 体型对收入的因果影响——孟德尔随机化结果

以上分析主要考察了劳动者体型与收入之间的相关性,未考虑身高和 BMI 的内生性作用。在这一节中,我们将身高多基因评分和 BMI 多基因评分分别作为实际身高与 BMI 的工具变量,在孟德尔随机化框架中采用 2SLS 考察体型与收入之间的因果联系。

表 9-6 报告了 MR 回归结果,所有模型均控制了年龄、受教育程度、出生地类型、省份虚拟变量以及祖源控制变量。我们首先对基因工具变量的合理性进行统计检验。一阶段回归中(第 2 列、第 4 列),第 2 列身高方程中的身高多基因评分在 1% 水平上显著,第 4 列 BMI 方程中的 BMI 评分及其平方项均在 10%、5% 水平上显著,说明 PGS_ Height 与实际身高、PGS_ BMI 与实际 BMI 之间都高度相关,且模型.1 和模型 2 的一阶段 F 检验统计值均高于 10(F 值分别为 22.661 和 10.967),满足在第五部分第二节中讨论的工具变量选取中的相关性条件。此外,模型 1 和模型 2 的 Hansen-Sargan 过度识别检验均表明基因工具变量具备足够的外生性(p 值分别为 0.524 和 0.137),满足工具变量选取中重要的排他性约束。这些结果表明了身高和 BMI 多基因评分在工资方程中作为工具变量的合理性和有效性,是对研究个体外表特征对劳动力市场表现因果效应问题的创新性扩展和补充。

　　由第 1 列和第 3 列可知，在控制了内生性后，身高和 BMI 与年收入之间的关系都不再显著。比较表 9-6 和表 9-4 的回归结果可以发现，我国劳动力市场中虽然普遍存在身高与收入间的正相关性以及 BMI 与收入间的负相关性，但在控制了这些体型特征变量的内生性后，身高和 BMI 几乎不再影响个体的工资收入，这说明我国劳动力市场中并没有明显的对外表特征的直接歧视和喜好。以往研究中单纯采用 OLS 方法发现的身高对我国劳动者收入的正向影响和体重对收入的负向影响，很可能分别存在较为严重的向上和向下偏误；这些结果也与 Böckerman 等（2017，2019）利用孟德尔随机化法对芬兰劳动力市场外貌歧视现象的考察结果十分类似。

表 9-6　MR 回归结果

因变量	模型 1		模型 2	
	(1) 收入 对数	(2) 实际 身高	(3) 收入 对数	(4) 实际 BMI
实际身高	0.013			
	(0.014)			
实际 BMI			0.026	
			(0.048)	
身高多基因评分（PGS_ Height）		17.756***		
		(6.507)		
PGS_ Height^2		-8.277		
		(6.147)		
BMI 多基因评分（PGS_ BMI）				3.351*
				(1.807)
PGS_ BMI^2				5.770**
				(2.471)
年龄	0.028***	-0.075***	0.019***	0.082***
	(0.003)	(0.025)	(0.005)	(0.012)
受教育年限	0.093***	-0.041	0.104***	-0.077**
	(0.010)	(0.084)	(0.013)	(0.038)
	0.041	0.262	0.070	-0.434

因变量	模型 1		模型 2	
	（1） 收入 对数	（2） 实际 身高	（3） 收入 对数	（4） 实际 BMI
出生地类型——县城	（0.070）	（0.661）	（0.077）	（0.301）
	0.109	0.593	0.138*	−0.395
出生地类型——大中城市	（0.069）	（0.653）	（0.076）	（0.298）
截距	7.257***	161.594***	7.403***	21.053***
	（2.336）	（2.631）	（1.138）	（1.134）
省份虚拟变量	是		是	
祖源控制变量	是		是	
样本量	3，846		3，846	
一阶段 F 检验	22.661		10.967	
p 值	0.000		0.000	
Hansen-Sargan 过度识别检验	0.407		2.212	
p 值	0.524		0.137	

注：*、**、***分别表示在10%、5%和1%的水平上显著，括号内为标准误。我们在 2SLS 回归中采用身高多基因评分（PGS_ Height）及其平方项作为实际身高的工具变量，采用 BMI 多基因评分（PGS_ BMI）及其平方项作为实际 BMI 的工具变量。出生地类型虚拟变量的基准项为"乡村"。

9.7　影响机制讨论

为了进一步探究我国劳动力市场中"外貌溢价"现象形成的本质，我们从人力资本的角度将劳动能力分解为认知能力与非认知能力（Heckman 等，2006），并首次通过引入个体层面基因变量作为解释变量，利用链式多重中介效应模型（Serial Multiple Mediation Models，也称 Multiple-step Multiple Mediator Models；Hayes，2009）分析个人禀赋（即先天因素）与个人经验（即后天因素）在"外貌溢价"现象形成过程中的重要性。链式多重中介效应模型是指包含 2 个或 2 个以上中介变量的中介效应模型，且中介变量之间存在顺序性特征（温忠麟、叶宝娟，2014）。

上一节中 MR 回归结果显示个体外表特征对于收入并没有直接的因果性影响，这表明 OLS 捕捉到的"外貌溢价"现象很可能是反映了与外貌特征高度相关的人力资本上的差异，与 Persico 等（2004）的发现一致。为了检验这一机制，我们假定人力资本变量会通过外貌特征多基因评分（$M1$；即身高多基因评分、BMI 多基因评分）和实际外貌特征（$M2$；即实际身高、实际 BMI）两个中介变量对收入（Y）产生作用；由于外表特征多基因评分与实际外表特征之间存在因果性关联，因此中介变量 $M1$ 和 $M2$ 之间存在顺序性，符合链式多重中介效应模型特征（温忠麟、叶宝娟，2014）。

利用现有数据集，我们选取了 4 个非认知能力变量以及 1 个认知能力变量用于衡量个体人力资本水平，包括思维方式（即分析性思维程度）、时间折扣多基因评分、风险承受多基因评分、生育年龄多基因评分以及认知能力多基因评分。其中分析性思维程度通过认知心理学中的 Triad Task问卷获得（Ji 等，2004；Talhelm 等，2014），其他多基因评分变量均依据相关最新 GWAS 结果构建（Sanchez-Roige 等，2018；Linnér 等，2019；Barban 等，2016；Savage 等，2018）。

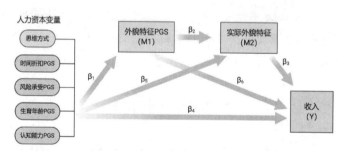

图 9-2　人力资本与收入的链式多重中介效应模型

我们采用结构方程模型对这一链式多重中介效应模型予以检验，具体路径如图 9-2 所示。根据 Taylor 等（2008），人力资本变量对收入的中介效应可由 3 种路径实现，分别为：（1）人力资本→外貌特征 PGS→实际外貌特征→收入（即图 9-2 中 $\beta_1 \times \beta_2 \times \beta_3$）；（2）人力资本→实际外貌特征→收入（即图 9-2 中 $\beta_5 \times \beta_3$）；以及（3）人力资本→外貌特征 PGS→

收入（即图 9-2 中 $\beta_1 \times \beta_6$）。总中介效应（Total Mediation Effects）为三部分加总之和。表 9-7 报告了依据结构方程回归结果计算得到的每一人力资本变量的特定路径中介效应和总中介效应分析结果，其中未达到 5% 显著性水平的中介效应被记为 0。由表 9-7 可见，身高和 BMI 均在各人力资本变量与收入之间存在显著的中介效应（除身高在风险承受 PGS 与收入之间以外）。值得指出的是，外貌特征 PGS→收入路径中 β_6 的估计值对于身高和 BMI 均为 0，再次验证了孟德尔随机化设计中的排他性约束假设。

中介效应分析结果支持了"外貌溢价"现象本质上是与外貌特征相关的个体人力资本差异这一影响机制。所谓的"身高溢价""肥胖惩罚"等现象可以部分被思维方式、经济偏好等因素解释，这再次表明一些与个体外表特征相关但平常难以被观测到的认知/非认知、先天/后天因素才是导致工资差异的根本原因（Persico 等，2004；Case 和 Paxson，2008；Schick 和 Steckel，2010）。

表 9-7　多重中介效应模型中的中介效应分析结果

路　径	系　数	思维方式间接效应估计	时间折扣 PGS 间接效应估计	风险承受 PGS 间接效应估计	生育年龄 PGS 间接效应估计	认知能力 PGS 间接效应估计
人力资本→外貌特征 PGS→实际外貌特征→收入	$\beta_1\beta_2\beta_3$	0	0.0063	0	−0.0085	0.0124
人力资本→实际外貌特征→收入	$\beta_5\beta_3$	0.0266	0	0	0	0
人力资本→外貌特征 PGS→收入	$\beta_1\beta_6$	0	0	0	0	0
身高总中介效应	$\beta_1\beta_2\beta_3 + \beta_5\beta_3 + \beta_1\beta_6$	0.0266	0.0063	0	−0.0085	0.0124
人力资本→BMI PGS→实际 BMI→收入	$\beta_1\beta_2\beta_3$	−0.0003	−0.0018	−0.0020	0.0007	−0.0007
人力资本→实际 BMI→收入	$\beta_5\beta_3$	0	0	0	0	0
人力资本→BMI PGS→收入	$\beta_1\beta_6$	0	0	0	0	0
BMI 总中介效应	$\beta_1\beta_2\beta_3 + \beta_5\beta_3 + \beta_1\beta_6$	−0.0003	−0.0018	−0.0020	0.0007	−0.0007

9.8 小结

　　在本章中，我们开创性地以个体层面基因数据作为工具变量，重新考察了外貌特征与收入之间的因果关系以及我国劳动力市场中"外貌溢价"现象的内在形成机制。孟德尔随机化结果显示，在控制了劳动者身高和体格 BMI 的内生性问题后，对于样本所代表的我国大中型城市中受教育程度较高的劳动者而言，外表特征与收入间并不存在显著的因果关系。进一步的中介效应机制分析显示，收入差异的实质是由于与个体劳动者身高、体格变量所相关的认知/非认知能力等人力资本积累上的不同而造成的。这也意味单纯为禁止"外貌歧视"而进行市场管制并未抓住"收入差距"问题的"痛点"，且可能扰乱公平、高效劳动力市场的建立。另外，我们发现教育水平能够显著缩小由劳动者身高和体格差异所引起的收入差异，这体现了教育的"平衡器"功能与促进社会公平的基石作用。综上，着力改善和提高我国居民成长环境、青少年时期营养健康状况将对身高、体格、认知/非认知能力等人力资本积累乃至成年后劳动力市场中的表现产生重要而深远的影响，且有助于推动一个更为合理的收入分配格局的形成。

　　需要指出的是，如前所述，本研究中存在的一个主要不足之处在于现有样本以较高学历、较高收入的我国大中型城市中青年人群为主。尽管我们采取了多种措施以缓解这一样本选择性问题，如延长数据收集时间以涵盖更为多样化的受访者、尽可能多的控制个体的社会经济特征、地域固定效应等，但现有回归分析结果仍不具备全国代表性。因此，在这一问题上，进一步增强数据收集的样本代表性，尤其是增加较低学历、较低收入的劳动者群体样本，仍是未来努力的方向。

第 10 章

水稻种植与现代人基因

10.1 研究背景

农业是人类历史上最关键的转变之一。它从根本上改变了人们的生活方式。在所有的作物种植中，水稻种植尤为重要。水稻是世界上部分源远流长的文明的基础，世界上超过一半的人口（53%）生活在拥有大量水稻种植遗产的社会。大米也是必不可少的，因为它与其他常见的主食农作物截然不同。尽管水稻不是人类赖以生存的唯一粮食作物，但它与小麦、大麦和小米等其他主要主食农作物在重要性方面有所不同。现代社会以前，水稻种植所需的劳动时间大约是小麦和小米的两倍。此外，由于水稻在积水中生长最好，稻农经常使用共享灌溉系统，这迫使农民需要协调用水，有时甚至同时给田地灌水和排水。因此，劳动和灌溉使稻农更加相互依赖。

有一些观察性证据表明，水稻种植文化与附近种植其他作物的文化不同。例如，Davidson（2009）等发现水稻种植社会中的人们具有特别强烈的职业道德。Talhelm 等（2014）认为水稻种植区的人们比小麦种植区的人们更加相互依赖。中国稻米区的人们不太可能独处，形成一种在相互依存的社会中更常见的适应性（Talhelm 等，2018）。在全球范围内，具有水稻种植历史的社会关系流动性较小（Thomson 等，2018）。流动性低的社会拥有更安全、更长期的关系，但灵活性更低，结识新朋友的机会也更少。然而，现有文献仅分析了水稻种植与表型性状之间的关系，对水稻种植影响人类行为的机制知之甚少。当我们考虑星巴克中产阶级顾客之间稻米和小麦种植差异的证据时，这尤其令人困惑——这些人可能一生中从未种过稻米或小麦。一种可能性是基因在水稻文化和非水稻文化的人之间的行为差异中发挥作用。在这项研究中，我们利用最近从中国各县收集的独特数据集和分子遗传学发展的结果来测试前现代水稻种植是否与现代多基因性状相关。

10.2 水稻种植可能影响人类基因的潜在原因

水稻种植历史带来的行为差异可能部分由遗传基因导致的观点仍存在争议，但有三方面证据支持了这种可能性。

首先，人类进化不限于遥远的过去。最近对进化生物学的研究发现，自然选择仍在当代人类中发挥作用。研究人员在过去几千年中发现了身高、腰臀比、肤色、脾脏大小和婴儿头围的自然选择证据。更重要的是，研究人员已经证明个体基因分型数据可用于直接衡量自然选择的结果。

其次，有越来越多的生物学和遗传证据表明，从狩猎采集社会向农业社会的转变对人类进化施加了选择性压力。一个众所周知的例子是成年后消化牛奶中乳糖的基因适应。研究发现，这种适应发生在 8000 年前一些人类群体驯养奶牛之后。有研究证据表明牛的驯化和乳制品在新石器时期的一些人类中积极选择了乳糖耐受基因。还有更多与农业革命有关的基因变化的例子。Mathieson 等（2015）分析了古欧洲人（生活在公元前 6500 年至公元前 300 年之间）的 DNA，发现其身高、消化和免疫系统为适应定居的农业生活而发生遗传变化的证据。一些其他的考古证据也表明早期人类的骨密度在人类开始从事农业生产后降低。这些发现提出了一种可能性，即水稻种植——一种已经存在了数千年的独特农业实践——可能推动了某些性状的遗传变异。

最后，越来越多的证据将行为和人格特征与基因联系起来。这些证据大部分来自 GWAS 研究。科学家们已经确定了与生育偏好、风险偏好、时间折扣和教育程度相关的遗传因素。鉴于遗传学影响广泛的行为，即使是很小一部分影响，遗传基因的影响带来了水稻种植文化和小麦种植文化之间的差异的假设也是合理的。

10.3 研究设计

我们以现有的遗传学研究结论为基础，检验水稻驯化与栽培历史是否对人类形成选择压力。中国为该理论提供了一个很好的研究案例，主要有以下原因：第一，我国水稻种植历史悠久，有足够的时间使得自然选择发生；第二，我国地域辽阔，传统水稻区与非水稻区人口都很多，这为理论的检验提供了足够的统计检验力；第三，我国在政治、宗教、语言等方面相对统一（特别是与其他人口规模相近的地区，如撒哈拉以南非洲或印度次大陆相比），使得干扰结果的混杂因素更少。

我们接下来选取一组潜在的会受水稻种植影响的表型性状候选者。农业的出现改变了饮食、劳动模式、人口密度和生活方式。我们通过多种生理和行为特征的检验对理论进行初步探索。我们将表型的范围限制为符合以下三个标准：（1）可能与饮食和生存方式相关；（2）已获得多项表型与基因有关的实证；（3）涵盖多种生理差异和行为特征。根据这些标准我们最终确定并构建了与身形（身高和 BMI）、心理健康（抑郁风险）、酒精代谢能力（ADH1B rs1229984 和 ALDH2 rs671）、经济偏好（时间、风险和生育偏好）和社会经济成果（教育程度）表型相关的 9 个基因变量（见表 10-1）。

我们的主要解释变量为县级水稻耕地百分比。我们使用了能找到的最早的县级水稻种植数据，对于大多数省份来说是 2000 年左右。这些最近的统计数据与 1914—1918 年相对较为有限的比较集中的水稻种植数据高度相关（$r = 0.95$，$p < 0.001$）。为简化描述，尽管非水稻地区传统上也种植小米和大麦等旱地作物（我们将非水稻种植区描述为"小麦种植区"），但总体而言，中国水稻种植与小麦种植呈负相关（$r = -0.69$，$p < 0.001$）。

表 10-1　样本的描述性统计（$N = 4101$）

变量	平均值（标准差）	范围
社会人口学特征		
年龄	27.4 (7.4)	18~67
上学年数	16.2 (2.3)	6~22
幼时环境的城镇化比例	农村：9.1%；城镇：41.8%；城市：49.1%	

续表

变量	平均值（标准差）	范围
出生地特征		
县级水稻田百分比	0.462（0.354）	0.000~0.952
县级 2012 年人均 GDP（万元）	5.659（2.771）	0.646~16.301
历史流行病发生率（省）	14.4（7.2）	0.4~25.7
全县年平均气温（℃）	15.3（4.6）	−1.0~25.8
多基因评分（PGS）和基因型		
受教育程度	0.53（0.15）	0~1
抑郁症	0.51（0.13）	0~1
时间折扣	0.84（0.18）	0~1
初次生育年龄	0.53（0.14）	0~1
身高	0.52（0.15）	0~1
BMI	0.51（0.16）	0~1
风险承受能力	0.54（0.13）	0~1
*ALDH*2 rs671	0.38（0.56）	0~2
ADH1B rs1229984	1.25（0.73）	0~2

10.4 结果分析

10.4.1 描述性分析

图 10-1 绘制了平均多基因评分（或基因型）与县级水稻耕地百分比的关系，实线为线性拟合值。从图中可以看出，多种行为和生理的多基因性状与水稻种植强度相关，例如身高的多基因评分（左上：PGS Height；递减）、*ADH1B* rs1229984（右上：ADH1B；递增）、*ALDH*2 rs671（左中：ALDH2；递增），初次生育年龄的多基因评分（左下：PGS Age at First Birth；递减）等。

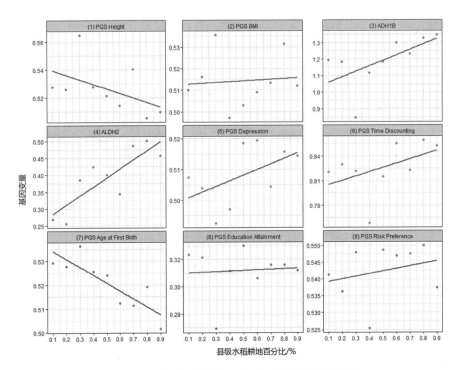

图 10-1　县级水稻耕地百分比与基因变量关系趋势

10.4.2 控制变量

　　毋庸置疑，上一节中看似由水稻和小麦种植引起的差异也可能是由其他广泛的区域差异因素所驱动的。例如，水稻多生长在南方低纬度地区，有研究报告表明，随着个体生存纬度的不同，中国存在南北方遗传差异。此外，水稻种植也与温度有关，而在世界范围内，尽管相关性较弱，温度与身高和 BMI 均存在相关关系（称为伯格曼法则）。

　　为了更好地识别和分离出水稻种植的影响，我们考虑了多种其他潜在因素，并采用多元回归检验水稻种植对多基因性状的影响。首先，我们考虑了参与者的年龄和他们长大的城市的规模（农村/城镇/城市）。然后，根据他们的出生地，我们控制了可能混淆水稻和基因之间关系的区域特征，包括纬度、经度、温度、GDP、到海岸的距离、与游牧文化的接触、区域教育、叛乱历史和河流长度等（见表 10-2）。由于我国社会由多民族构成，我们也将民族因素纳入考虑。基于对人口分层的这种考虑，我们还控制了个体层面的 42 个基因祖源变量。使用 ADMIXTURE 软件直接从每个人的基因分型数据中估计出 42 个祖源，包括：北方汉族、南方汉族、蒙古语族群、日本、纳西/彝族、傣族、高山族群、越南京族、韩国、畲族、藏族、通古斯族群、德系犹太、巴尔干半岛、班图萨、孟加拉、柬埔寨、埃及、英国、爱斯基摩、芬兰/俄罗斯、法国、匈牙利、伊朗、柯尔克孜族、拉祜族、马来西亚、墨西哥玛雅、姆布蒂、苗/瑶族、巴布亚、美洲土著、意大利撒丁岛、沙特阿拉伯、信德人、索马里、西班牙、泰国、维吾尔族、乌孜别克族、雅库特和约鲁巴。

表 10-2　区域控制变量

变量	定义	来源	用途
水稻田占比	水田面积/总耕地面积	《中国统计年鉴》，2002 年	水稻需要更多的工作和协调来建立和运行灌溉系统
国内生产总值	2012 年人均 GDP	《中国统计年鉴》，2013 年	衡量区域经济发展
耕地占比	公顷耕地/全省土地	《中国统计年鉴》，1996 年	通常衡量农业的密度
水稻环境适应性	高投入雨养水稻的环境适应性	联合国全球农业生态区数据库	环境水稻适宜性（无论人们是否真的在那里种植水稻）是检验反向因果关系的工具变量——一开始是集体主义的地区选择种植水稻的可能性
接触游牧文化	传统游牧民族人口/总人口	中国人口统计年鉴，2002 年	研究发现，游牧文化往往比附近的农业文化更具有个人主义色彩
到海岸的距离	省会到最近海岸的距离（100 公里）；沿海省份＝0	海洋区域数据库	与海岸的距离可以代表现代和历史发展。沿海省份也有更多的海上交通和潜在的更多样化的思想和文化
平均温度	1 月和 7 月的平均高温、低温	Zuzu Che 天气记录	一些研究人员认为，较热的地区更具集体性，而且温度也与疾病流行率相关

续表

变量	定义	来源	用途
纬度	最北和最南省份平均纬度	谷歌地图	在中国，水稻种植与纬度高度相关。纬度是其他环境因素（如温度和疾病）的代表。测试纬度检查水稻对纬度的稳健性
经度	最东和最西省份平均经度	谷歌地图	测试经度可以检验水稻种植对经度的稳健性
历史疾病流行	明清时期（1368—1911 年）流行病率	Cheng 等（2009）	疾病流行理论认为，传染病发病率较高的环境往往更具集体性
叛乱历史	清代叛乱频率指数	Dincecco 和 Wang（2017）	叛乱可能影响了基因选择，也可能反映了地区文化差异

　　在表 10-3 中，A 组报告了从每个多基因性状对水稻百分比单独多元回归参数的估计值。在基准模型（模型 1）中，我们仅包括水稻田占比、年龄、参与者长大的地方（农村、城镇或城市）的城市规模、42 个祖源组成变量和纬度/经度。该模型发现水稻种植与 9 个性状中的 4 个显著相关（时间折扣、初育年龄、教育程度多基因评分和 *ALDH*2 rs671 基因型）。

　　接下来依次添加区域控制变量：平均温度（模型 2）、到海岸的距离（模型 3）、GDP（模型 4）、与游牧文化的接触（模型 5）和叛乱历史（模型 6）。几乎在所有模型中，水稻都能显著预测 *ALDH*2 rs671 和初育年龄多基因评分。这些结果符合这样一种观点，即水稻种植的选择一直在与这两个性状相关的遗传变异上进行。相比之下，其他性状的多基因评分或基因型与水稻种植没有密切相关。在控制其他区域差异后，水稻与受教育程度、时间折扣以及 *ADH*1*B* rs1229984 不再有显著关联。

表 10-3　多元回归与两阶段最小二乘法回归结果

因变量: 多基因评分(或基因型)	(1) 高度	(2) BMI	(3) 酒精不耐受: ADH1B	(4) 酒精不耐受: ALDH2	(5) 抑郁症	(6) 时间折扣	(7) 初育年龄	(8) 教育程度	(9) 风险偏好
(A)多元回归									
模型1 β	-0.009	0.001	0.052	0.165***	-0.006	0.023*	-0.017*	-0.012*	0.000
模型1 P值	0.404	0.901	0.299	< 0.001	0.547	0.075	0.078	0.056	0.979
模型2 β	-0.001	0.001	-0.012	0.198***	-0.005	0.021	-0.015	-0.015**	-0.007
模型2 P值	0.934	0.936	0.851	< 0.001	0.682	0.191	0.225	0.047	0.547
模型3 β	-0.002	-0.002	-0.005	0.186***	-0.004	0.024	-0.020*	-0.018**	-0.008
模型3 P值	0.876	0.910	0.932	< 0.001	0.750	0.137	0.094	0.020	0.493
模型4 β	0.004	-0.002	-0.021	0.240***	-0.006	0.011	-0.032**	-0.021**	-0.003
模型4 P值	0.802	0.902	0.763	< 0.001	0.638	0.522	0.018	0.014	0.793
模型5 β	0.006	-0.003	-0.220**	0.263***	-0.000	0.030	-0.041**	-0.019	0.028
模型5 P值	0.788	0.875	0.029	0.001	0.994	0.244	0.037	0.124	0.125
模型6 β	0.003	0.009	-0.136	0.251***	0.005	0.038	-0.046**	-0.013	0.028
模型6 P值	0.894	0.704	0.198	0.002	0.789	0.158	0.025	0.331	0.157
(B)两阶段最小二乘法(2SLS)									
β	-0.003	-0.002	0.020	0.182***	-0.003	0.010	-0.029**	-0.015	-0.002
P值	0.741	0.373	0.108	< 0.001	0.695	0.750	0.021	0.161	0.169
F统计量	84.740	84.740	84.740	84.740	84.740	84.740	84.740	84.740	84.740
模型7 P值	0.000	0.000	0.000	0.000	0.000	0.000	0.000	0.000	0.000
Sargan统计量	2.183	2.445	2.372	2.103	3.087	2.535	2.185	1.805	2.218
P值	0.140	0.118	0.124	0.147	0.079	0.111	0.139	0.179	0.136
N	4101	4101	4101	4101	4101	4101	4101	4101	4101

注：该表显示了来自每个多基因性状（或基因型）的单独回归的水稻和控制变量影响的参数估计值（带有 p 值）。*** $p < 0.01$、** $p < 0.05$ 和 * $p < 0.10$。所有模型都包括年龄协变量、参与者长大的地方（农村、城镇或城市）的城市规模以及祖源变量。

10.4.3 反向因果关系检验

上述分析的一个潜在威胁是反向因果关系。也即，部分人的遗传特征更适合水稻种植，所以他们选择种植水稻。例如，如果对社会规范的敏感性有助于解决集体灌溉系统中的"搭便车"问题，那么也许在人们对社会规范更加敏感的地区更有可能开始种植水稻。在这种情况下，基因（在某种意义上）会导致水稻种植，而不是水稻种植选择基因。

我们采用决定水稻种植区域差异的外生变量检验反向因果关系。我们选择衡量联合国粮食农业组织（FAO）全球农业生态区数据库模拟的湿地水稻的环境适宜性的变量，将水稻生长的环境适应性变量及其平方项作为工具变量（Talhelm 等，2014），使用两阶段最小二乘法（2SLS）来确定水稻种植对多基因性状的因果影响。

表 10-3 中 B 组展示了水稻种植对多基因性状因果影响的 2SLS 估计（使用模型 7 中的全套控制变量）。在第一阶段，F 统计量为 84.74，远远超过弱工具的传统截止值 10。Sargan 统计量的 p 值均高于 0.1，表明环境适宜性变量及其平方项是有效工具变量。

与多元回归结果相比，结合环境水稻适宜性的结果对于乙醛脱氢酶缺乏症和初育年龄仍然稳健。因此，我们的 2SLS 估计结果表明，水稻种植的选择压力似乎有利于酒精耐受性较低和具有促进更早生育多基因评分的个体。

10.4.4 其他稳健性检验

我们还通过一系列检验进一步分析结果是否稳健。首先，我们测试历史发病率以检验病原体流行理论。疾病流行理论认为，在传染病较多的地区，人类会发展出有助于保护他们免受疾病侵害的行为。例如，研究人员发现，历史发病率较高的地区生育率较高、出生体重较轻且集体主义程度较高。由于疾病与生死密切相关，疾病应该是影响遗传选择的合理因素。我们使用了我国明清时期（公元 1368-1911 年）的省级流行病发病率衡量历史疾病流行率。该数据样本量为 3956 个，不包含三个边远省区（青海、新疆和内蒙古）。结果显示流行病发病率不会带来明显的遗传差异。

其次，我们测试一般农业（特别是与水稻种植相对）是否可以解释遗传差异。为此我们使用每个省的耕地百分比对一般农业进行衡量。多元回归结果表明，除了教育程度多基因评分，一般农业不能预测其他遗传差异。为什么农业密度会对受教育程度进行选择？这种联系可能是由于一般农业对特定大脑功能或非认知特征的选择，这些特征与教育程度的遗传成分相关。另一个可以解释这一点的是对人口密度和"生活史"策略的研究。生活史研究发现，人口稠密地区的人们倾向于将他们的策略从"快节奏，抓住机会"的风险策略转变为长期投资策略，例如将时间集中在更少的关系伙伴上，更多地投资于教育。一般来说，农业密集的地区会有更高的人口密度，并且可能有更多的社会机构，例如政府和学校。

10.5 为什么水稻种植会选择这些基因

总体而言，研究结果表明水稻种植施加了有利于较早生育和酒精不耐受的选择压力。这就留下了为什么水稻种植可能选择这些特定特征的问题。虽然我们无法从数据中证明特定的理论，但我们提供了基于水稻生态学的初步假设。

10.5.1 水稻与初育年龄

为什么水稻种植会使人们的初育年龄提前？水稻种植区有三个特点可以支撑这个观点。

（1）与小麦和其他旱地作物相比，水稻的劳动密集程度要高得多。有研究计算了家庭中丈夫和妻子需要付出多少劳动才能种植足够的大米来食用以及交换到衣服和工具等必需品。他们得出的结论是，水稻种植的劳动力需求过高，以至于夫妻二人如果仅依靠劳动力，将无法耕种足够多的稻米来养家糊口。孩子们也为农事提供劳动力。世界各地都有儿童在农场家庭中帮工的现象，这对稻农来说可能尤其重要。儿童可以帮助满足劳动力需求的观点与人类学家的观察一致，即中国的稻农更愿通过家族成员帮助和扩大家庭来满足高峰劳动力需求，而不是邻居互助或雇用工人。因此，水稻种植的环境可能选择了那些在年轻时有孩子的人，进一步促使其有更多的后代和劳动力。

（2）水稻比小麦、小米等作物更高产。纵观历史，水稻每英亩的产量是小麦的3—5倍，相对充足的食物也可能使水稻种植社区的人类提前生育。

（3）在中国历史上稻田主产区的人类预期寿命比麦田主产区短。有证据表明，稻米地区的人们饮食单一（缺乏维生素B和铁等某些营养素），人口密度较大。在没有基础卫生设施的时代，这些会给人类寿命带来负面影响。有历史学家认为水稻的高产量可能自相矛盾地造成了更多的灾难性崩溃。稻米的高产可以养活更多的人口，这将激励人们将更多的土地变成稻田。中国令人印象深刻的水稻梯田——稻田切入陡峭的山脉——暗示着这种甚至边缘土地都变成了稻田的过程。虽然会提高产量，但是这种做法会使当地生态系统更容易受到干旱或作物病害造成的周期性崩溃。寿命的缩短和灾难的风险可能会增加人类需要在更年轻时生孩子的压力。这种模式已在驯养动物中观察到，通常寿命较短的动物生育后代的年龄较早且频率较高。

10.5.2 水稻与酒精耐受

为什么水稻会选择乙醛脱氢酶缺乏的基因型？乙醛脱氢酶缺乏的基因型在摄入酒精后较难代谢和分解，导致乙醛在肝脏中过度积累并且引起酒精潮红反应，有时称为"亚洲潮红"。谷物正是制造酒精的常见成分。一些研究人员推测，早在9000年前，甚至更早，稻农就已经用剩余的谷物制造米酒等酒精饮料。农业和发酵饮料的制造相辅相成。大多数狩猎采集人口没有制造酒精的手段、技术或资源。随着酒精产量的增加，水稻种植地区的人们可能在应对酒精中毒、儿童忽视、先天免疫调节改变和肿瘤发展等方面有更多的经验。因此，水稻种植地区的人们可能比其他人群更长时间地暴露在酒精压力下。

本节提供了关于水稻可能选择这些基因的初步理论，但这些只是前期的工作，因为仍然缺乏直接的考古证据（例如来自古代 DNA）。随着历史学家和人类学家发现更多关于水稻种植历史的信息，我们可以细化对水稻如何选择特定基因的理解。此外，未来这些结果有待在来自中国、从东亚到印度和西非等世界各地其他水稻种植人口的样本中进行检验。

10.5.3 水稻种植对现代社会的潜在影响

多基因评分不能完全决定命运。基因在行为上的表达在不同的环境中（例如同一国家的初代与末代）可能完全不同，重要的是要谨慎对待遗传差异的影响。但是这些差异可能是研究人员调查中国或中国与其他国家之间的区域差异的起点。例如，中国南北方的乙醛脱氢酶差异将导致南方地区的饮酒问题较少，可能整体饮酒量也较少，这个假设很容易进行检验。与较早生育相关的基因评分可以预测中国水稻种植区的生育率较高或初育年龄较小。然而 20 世纪中国的出生率一直在下降，这可能是由于现代避孕方式破坏了基因相关预期生育率与实际分娩之间的联系。但是在中国的水稻种植区，意外怀孕的发生率可能更高。

10.6 小结

总体而言，来自中国的基因数据提供的证据表明，较早生育和酒精不耐受基因在水稻种植历史悠久的地区的人群中更为常见。水稻种植与受教育程度的多基因评分呈负相关，尽管在控制纬度和经度后这种关系变弱（$p = 0.360$）。水稻种植也与更高的时间贴现有关，但在控制种族血统后并不稳健（$p = 0.181$）。

在控制了人口特征、种族构成、一系列区域特征和潜在的水稻种植自我选择后，水稻种植的影响仍然显著。此外，从多县收集得到的大样本量大大提高了统计能力，并允许我们更好地控制分析其中的混杂因素。本研究的结果意味着人类历史上的一次重大文化转型对基因有显著影响，尽管影响较小。

过去的研究认为，进化过程是缓慢的，以至于在人类历史的最近 1 万年中不太可能发生有意义的变化。但最近的研究结论表明，"进化变化的发生通常比人们过去想象的要快得多"。还有证据表明，人类进化实际上在过去 4 万年中加速了。如果水稻驯化和种植确实选择了特定的基因，它将符合这一相对较新的人类进化图景。

　　本章也存在以下有待改进之处。首先，目前的研究数据样本量较小，统计功效有待提高。其次，本研究中用于构建多基因评分的 GWAS 汇总统计数据主要基于欧洲血统的样本，这可能导致以欧洲为中心的偏差并且限制了构建多基因评分的预测能力。再次，通过出生地确定区域血统并不完美。这种方法可能造成对最近的祖先发生过较远迁徙的人的错误识别。此外，本章分析的是遗传差异而非表型性状或实际行为，遗传倾向并不一定在性状或行为上表现出来。最后，我们缺乏历史性的 DNA 样本（如古代 DNA 样本）。如果未来的研究人员能够获得历史性的 DNA 样本，就可以直接检验或完全排除反向因果问题。

　　环境作用也不是一定会发生的，不同的水稻种植地区可能有不同的影响模式。有充分的证据表明，相同类型的环境并不总会孕育相同的文化。例如，农民如何应对水稻种植的高峰劳动需求因文化而异。中国农民更愿意与家人进行劳动力交易，而西非稻农有时依赖于在不同的农场间流动作业的年轻群体。水稻种植提出了相同的挑战，但文化对这些挑战的解决方案（以及随之而来的遗传选择压力）可能会有所不同。

　　最后，稻麦遗传差异的发现隐含了现代化的难题。在中国种地的人越来越少，现代中国的稻麦差异是怎么存在的？有研究发现不务农的人之间存在稻麦差异。遗传差异提出了一种历史上的生存方式差异得以延续至今的可能机制。

第 11 章

PLINK 用于遗传经济学分析
操作基础 Step-By-Step

PLINK 由哈佛大学肖恩·珀塞尔（Shaun Purcell）等人于 2007 年开发，是一款免费但功能强大的开源基因数据工具集，也是最流行的全基因组关联分析软件之一。万事开头难，本章将带领读者一步一步学习使用PLINK，每一步均配有 PLINK 使用截图。

11.1 PLINK 基本操作

11.1.1 PLINK 下载

PLINK 1.90 Beta 版可以在官方网站 https://www.cog-genomics.org/plink/ 上根据所使用的操作系统免费下载。例如如果使用的是 Windows 操作系统，可以选择 Windows 64-bit 或 Windows 32-bit 文件下载。将下载好的文件解压缩后移动到待使用的工作目录下，确保其中包含 plink.exe 文件（见图 11-1）。

PLINK 1.90 beta

This is a comprehensive update to Shaun Purcell's PLINK command-line program, developed by Christopher Chang with support from the NIH-NIDDK's Laboratory of Biological Modeling, the Purcell Lab, and others. (What's new?) (Credits.) (Methods paper.) (Usage questions should be sent to the **plink2-users Google group**, not Christopher's email.)

Binary downloads

Operating system[1]	Build		
	Stable (beta 6.26, 2 Apr)	Development (2 Apr)	Old[2] (v1.07)
Linux 64-bit	download	download	download
Linux 32-bit	download	download	download
macOS (64-bit)[3]	download	download	download (32-bit)
Windows 64-bit	download	download	download
Windows 32-bit	download	download	

1: Solaris is no longer explicitly supported, but it should be able to run the Linux binaries.
2: These are just mirrors of the binaries posted at https://zzz.bwh.harvard.edu/plink/download.shtml.
3: You need to have Rosetta 2 installed to run this on M1 Macs.

图 11-1　PLINK 1.90 beta 版本

11.1.2 在 Windows 系统中打开 PLINK

PLINK 的使用不需要安装，但需要我们用到 Windows 系统的"命令提示符"应用程序（不能通过直接双击 plink. exe 打开 PLINK）。命令提示符是模拟 MS-DOS 中可用命令行功能的 Windows 程序，打开步骤是：点击 Windows 系统主界面左下角搜索图标，输入"cmd"，按 Enter 键，即可打开"命令提示符"应用程序。

由于我们现在在 MS-DOS 环境下，所以需要使用"cd"命令来改变工作路径至存放 plink. exe 文件的路径。确保工作目录和存放 plink. exe 文件的目录一致后，下一步是在命令提示符应用中打开并运行 PLINK，输入：

plink

如图 11-2 所示。

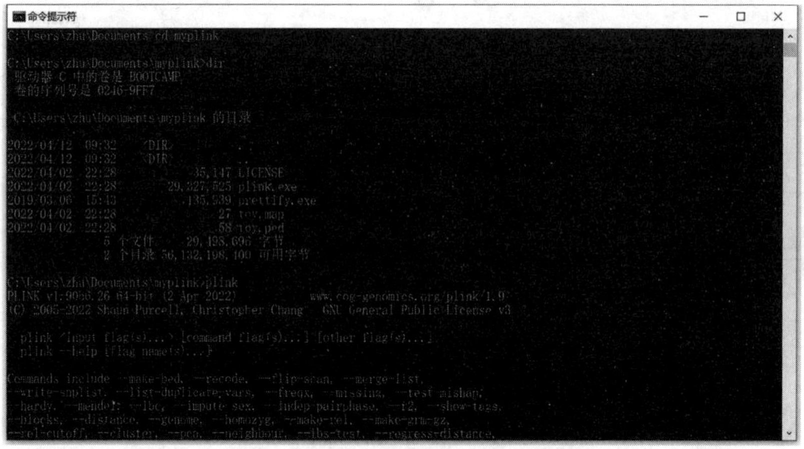

图 11-2　打开并运行 PLINK

11.1.3 打开 PLINK 二进制格式文件

PLINK 常用的文件格式有两套：bim/fam/bed 和 map/ped ，其中 bim/fam/bed 是二进制格式数据，map/ped 是普通格式数据，都用于存储高维基因数据。PLINK 也可以读取 gen/bgen/vcf 等格式基因文件。虽然二进制格式的数据我们一般无法直接阅读，但其优势在于：（1）更节省硬盘空间；（2）在内存中进行计算时速度更快。对于数据量通常很大的基因数据而言，这两个优点会显著提高计算速度并节省硬盘空间，因此我们重点关注 bim/fam/bed 二进制格式数据的运用。

打开 PLINK 二进制格式文件：genoeconomic_hapmap. bed、genoeconomic_hapmap. fam、genoeconomic_hapmap. bim 文件，输入：

```
plink --bfile genoeconomic_hapmap ^
    --recode ^
    --out genoeconomic_hapmap
```

如图 11-3 所示。

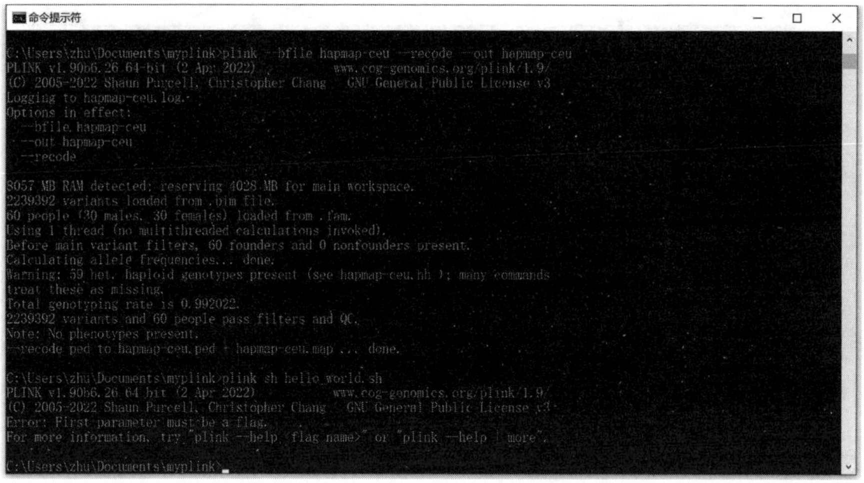

图 11-3　打开 PLINK 二进制格式文件

这里可以看到，每次调用 PLINK 前都需要用到 plink 命令；而具体的执行命令都由 -- 起始，如 --bfile（读取二进制格式文件）、--recode（将二进制格式文件转换为标准 map/ped 文件）等；^ 是 Windows 系统下的句子续行符（前面加一个空格）。

成功运行命令会得到图 11-3，并在工作目录中新生成 genoeconomic_hapmap. map 和 genoeconomic_hapmap. ped 两个文件。对比两组数据可以看到，虽然所携带的信息完全一致，但转化后的普通格式文件大小为 952MB，远大于二进制格式文件的 97MB，由此可见二进制格式文件的高效性。

11.1.4 提取特定个体

提取特定个体（ID 存于 keep_ind_list. txt），并存为新的 * . bed 、 * . fam 、 * . bim 二进制格式文件，输入：

```
plink --bfile hapmap-ceu ^
    --keep keep_ind_list. txt ^
    --make-bed --out selected_individuals
```

如图 11-4 所示。

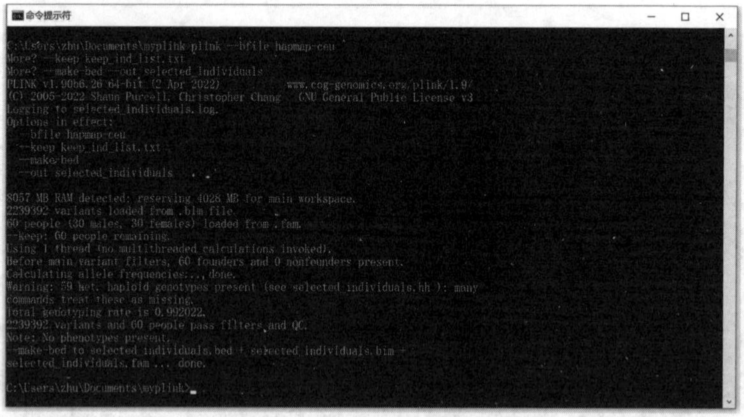

图 11-4　提取特定个体

11.1.5 提取特定 SNPs

提取特定 SNPs（ID 存于 keep_snp_list. txt，包括 rs9930506、rs10762843、rs671、rs889201），并存为新的 * . bed 、 * . fam 、 * . bim 二进制格式文件，输入：

```
plink --bfile hapmap-ceu ^
    --extract keep_snp_list. txt ^
    --make-bed --out selected_snps
```

如图 11-5 所示。

图 11-5　提取特定 SNPs

在新生成的 selected_snps. bim 文件中，包含了成功提取的 3 个 SNPs 信息（rs671 在本样本中未包含），结果如下：

10	rs10762843	0	54059072	C	T
16	rs889201	0	19961872	G	A
16	rs9930506	0	52387966	G	A

11.1.6 合并表型数据

连续型表型数据单独存为 BMI_pheno. txt 文件，现在要和 1kg_EU_qc 的二进制格式文件合并，输入：

```
plink --bfile 1kg_EU_qc ^
    --pheno BMI_pheno. txt ^
    --make-bed --out 1kg_EU_BMI
```

如图 11-6 所示。

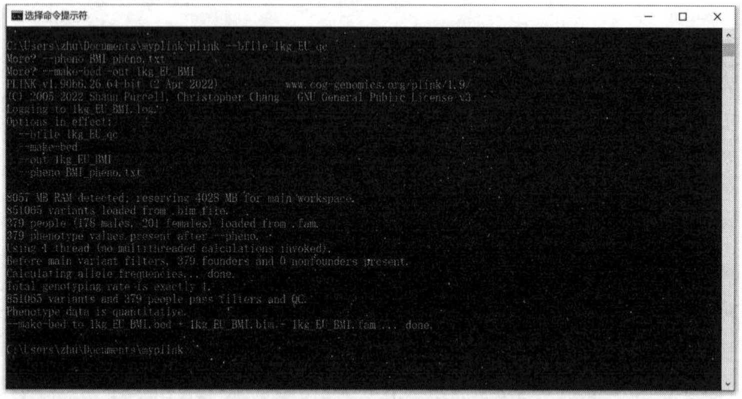

图 11-6　合并表型数据（一）

二元表型数据单独存为 OBESITY_pheno.txt 文件（注意：需要将处理组定义为 2，对照组定义为 1；这一点与计量经济学分析中虚拟变量的 0/1 定义不同），现在要和 1kg_EU_qc 的二进制格式文件合并，输入：

```
plink --bfile 1kg_EU_qc ^
    --pheno OBESITY_pheno.txt ^
    --make-bed --out 1kg_EU_OBESITY
```

如图 11-7 所示。

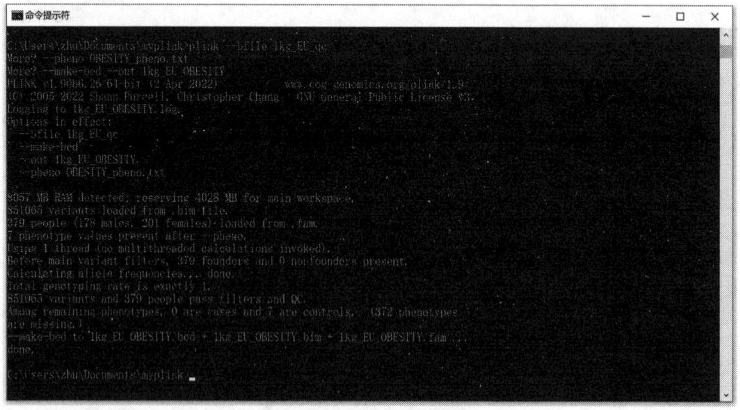

图 11-7　合并表型数据（二）

11.1.7 计算次等位基因频率

计算 1kg_EU_qc 中的次等位基因频率，输入：

```
plink --bfile 1kg_EU_qc ^
    --freq --out Allele_Freq_1kg_EU
```

如图 11-8 所示。

图 11-8　计算次等位基因频率

在新生成的 Allele_Freq_1kg_EU. frq 文件中，CHR 是染色体编号，SNP 是单核苷酸多态性位点编号，A1 是次等位基因（频率较低），A2 是主要等位基因（频率较高），MAF 是计算得到的次等位基因（即 A1）频率，NCHROBS 是等位基因样本量，结果如下：

CHR	SNP	A1	A2	MAF	NCHROBS
1	rs1048488	C	T	0. 2032	758
1	rs3115850	T	C	0. 1992	758
1	rs2519031	G	A	0. 01451	758
1	rs4970383	A	C	0. 2546	758
1	rs4475691	T	C	0. 19	758
1	rs1806509	C	A	0. 4024	758

11.1.8 检查缺失数据

检查 1kg_EU_qc 中的个体层面和 SNP 层面缺失数据情况，输入：

```
plink --bfile 1kg_EU_qc ^
    --missing --out Missing_1kg_EU
```

如图 11-9 所示。

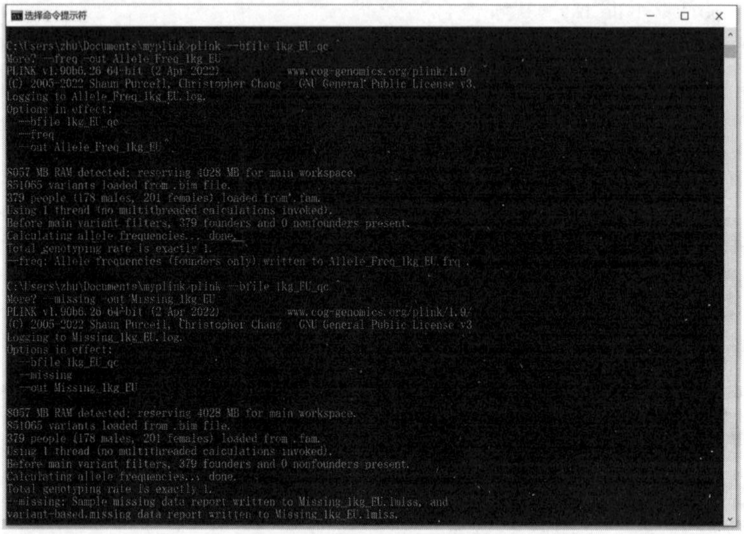

图 11-9 检查缺失数据

新生成的两个文件 Missing_1kg_EU. imiss 和 Missing_1kg_EU. lmiss，分别记录了个体和 SNP 缺失数据的具体情况。

11.2 利用 PLINK 对基因数据进行质量控制

11.2.1 个人层面质量控制

一般从以下三个方面对个人层面进行质量控制，将偏误控制在最小范围内。

（i）缺失率控制：无论是测序还是芯片，得到的基因型数据都要进行质控，而对缺失数据进行筛选，可以去掉低质量的数据。如果一个个体，共有50万SNP数据，发现20%的SNP数据（10万）都缺失，我们认为这个个体质量不合格，如果加入分析中可能会对结果产生负面的影响，所以我们可以把它删除。同样的道理，如果某个 SNP，在 500 个样本中，缺失率为 20%（即该 SNP 在 100 个个体中都没有分型结果），我们也可以认为该 SNP 质量较差，将其删除。当然，这里的 20% 是过滤标准，可以改变质控标准。下文中的质控标准是 5%。

识别二进制数据 1kg_hm3 中的基因分型数据质量过低（例如缺失率高于 5%）的个体，输入：

```
plink --bfile 1kg_hm3 ^
    --mind 0. 05 ^
    --make-bed --out 1kg_hm3_mind005
```

如图 11-10 所示。

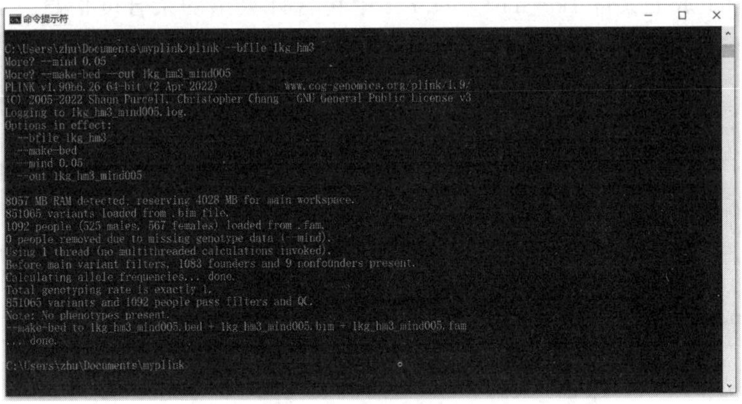

图 11-10　识别基因分型数据质量过低的个体

（ii）杂合度检验：识别二进制数据 1kg_hm3 中杂合度过高或过低的个体，输入：

```
plink --bfile 1kg_hm3 ^
    --het ^
    --out 1kg_hm3_het
```

如图 11-11 所示。

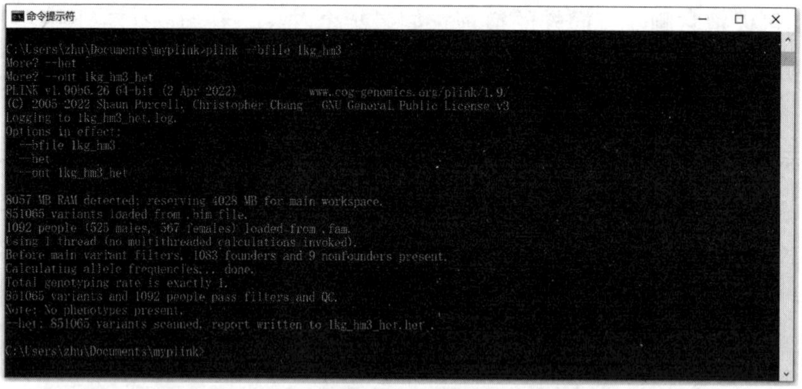

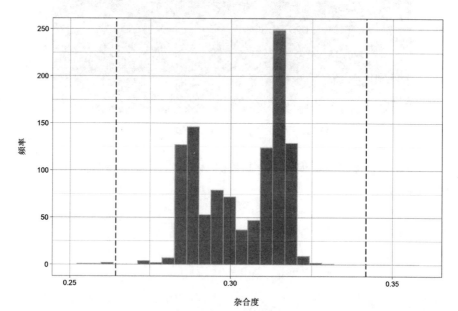

图 11-11　识别杂合度过高或过低的个体

新生成的文件 1kg_hm3_het. het 中包含计算出的杂合度信息,可作为筛选条件。1kg_hm3_het. het 文件还可直接在 R 语言中采用 read. table 命令读取。图 11-12 绘制了该样本中个体杂合度的分布,灰色虚线为质量控制阈值的上限和下限(平均值±3 倍标准差)。

图 11-12　个体杂合度分布

（iii）性别检验：识别二进制数据 hapmap-ceu 中性别不一致的个体，输入：

```
plink --bfile hapmap-ceu ^
    --check-sex ^
    --out hapmap-ceu_sexcheck
```

如图 11-13 所示。

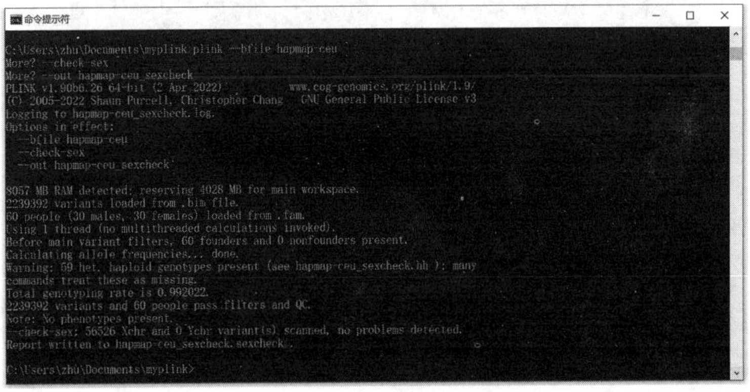

图 11-13　识别性别不一致的个体

新生成的 hapmap-ceu_sexcheck. sexcheck 文件中包含了性别一致性检验结果。

11. 2. 2 SNP 层面质量控制

一般从以下三个方面对 SNP 层面进行质量控制，将偏误控制在最小范围内。

（i）缺失率控制：与对个体层面缺失率控制的道理类似，如果某个 SNP，在 500 个样本中，缺失率为 20%（即该 SNP 在 100 个个体中都没有分型结果），我们可以认为该 SNP 检出率偏低、质量较差，应剔除。这里将检出率最低标准设定为 95%。

识别二进制数据 1kg_hm3 中的检出率低于 95%（即 SNP 缺失率高于 5%）的个体，输入：

```
plink --bfile 1kg_hm3 ^
    --geno 0. 05 ^
    --make-bed --out 1kg_hm3_geno005
```

如图 11-14 所示。

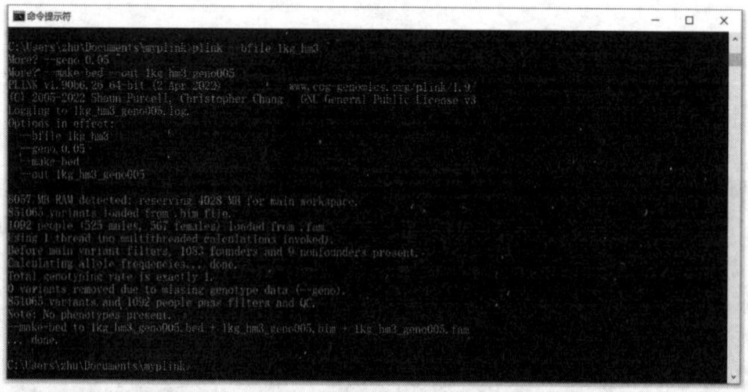

图 11-14　识别检出率低于 95% 的个体

（ii）次等位基因频率控制：识别二进制数据 1kg_hm3 中 MAF 低于阈值（这里为 1%）的个体。如果 MAF 很小，就意味样本中大部分位点都是相同基因型，那么这些位点贡献的信息也就很少，容易增加假阳性，因此我们需要根据 MAF 进行过滤。输入：

```
plink --bfile 1kg_hm3 ^
    --maf 0. 01 ^
    --make-bed --out 1kg_hm3_maf001
```

如图 11-15 所示。

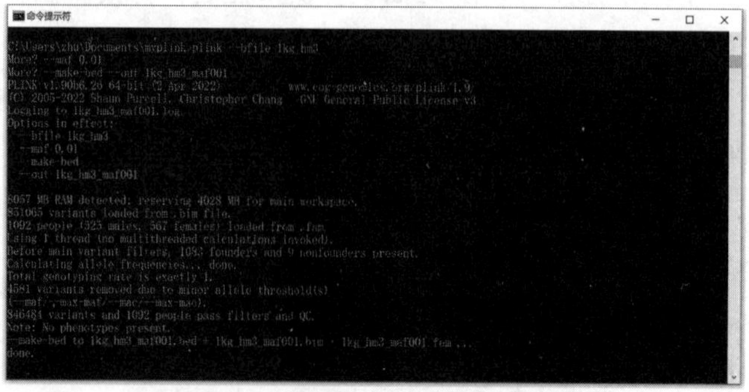

图 11-15　识别 MAF 低于阈值的个体

一般而言，如果样本量超过 10 万，可将 MAF 阈值设定为 1%；如果样本量较小（1 万左右），则可将 MAF 阈值设定为 5%。

（iii）哈迪—温伯格平衡（HWE）检验：检验二进制数据 1kg_hm3 中哈迪—温伯格平衡是否满足，输入：

```
plink --bfile 1kg_hm3 ^
    --hwe 0. 000001 ^
    --make-bed --out 1kg_hm3_hwe
```

如图 11-16 所示。

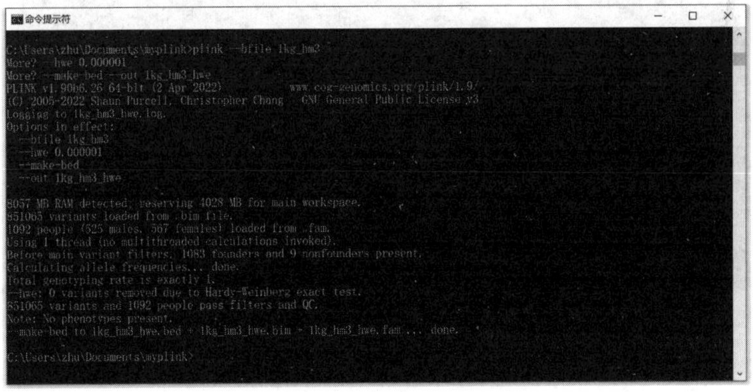

图 11-16　哈迪—温伯格平衡检验

通常情况下，对于二元离散型表型变量中的处理组，可将哈迪—温伯格平衡检验的阈值设定为 10^{-10}，同时将对照组的 p 值阈值设定为 10^{-6}；对于连续型表型变量，则可将 p 值阈值设定为 10^{-6}。

11. 2. 3　合并所有质量控制条件

我们可以将以上多个质量控制条件予以合并，识别二进制数据 geno-economics-example1 中不符合质量控制标准的个体，输入：

```
plink --bfile genoeconomics-example1 ^
    --mind 0. 03 ^
    --geno 0. 05 ^
```

```
--maf 0. 05 ^

--hwe 0. 000001 ^

--make-bed --out genoeconomics-example1_QC
```

如图 11-17 所示。

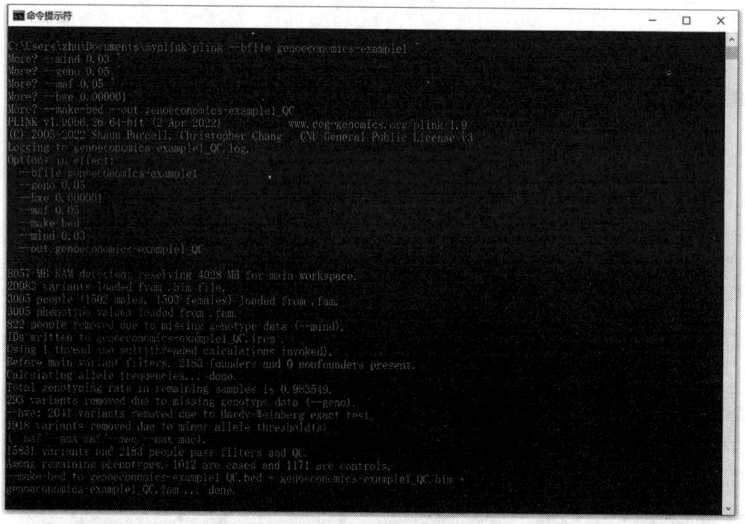

图 11-17　识别不符合质量控制标准的个体

11.3　利用 PLINK 进行关联分析

11.3.1 单个 SNP 与连续型表型的线性关联分析

估计二进制数据 genoeconomics-example2-bmi 中的 SNP 位点 rs9674439 与表型变量之间的线性关联，输入：

```
plink --bfile genoeconomics-example2-bmi ^

    --snps rs9674439 ^

    --assoc ^

    --linear ^

    --out rs9674439_bmi
```

如图 11-18 所示。

图 11-18　单个 SNP 与连续型表型的线性关联分析

在新生成的 rs9674439_bmi. assoc. linear 文件中，CHR 是染色体编号，SNP 是单核苷酸多态性位点编号，BP 是碱基对位置编号，A1 是有效等位基因（effect allele），TEST 是统计检验类型（在此为加性模型），NMISS 是样本中缺失的数量，BETA 是关联回归系数，STAT 是 t 统计量的值，P 是回归系数 t 检验的 p 值，具体如下。

CHR	SNP	BP	A1	TEST	NMISS	BETA	STAT	P
16	rs9674439	33836510	C	ADD	379	−0. 2974	−1. 269	0. 2052

从以上结果可以看出，rs9674439 位点的 C 等位基因与个体 BMI 值下降 0. 30 相关，但并未达到统计显著。

11. 3. 2 单个 SNP 与离散型表型的 Logistic 关联分析

估 计 二 进 制 数 据 genoeconomics - example2 - obesity 中 的 SNP 位点 rs9674439 与表型变量之间的线性关联（注意：PLINK 中处理组定义为 2，对照组定义为 1），输入：

```
plink --bfile genoeconomics-example2-obesity ^
    --snps rs9674439 ^
    --assoc ^
    --logistic ^
    --beta ^
    --out rs9674439_obesity
```

如图 11-19 所示。

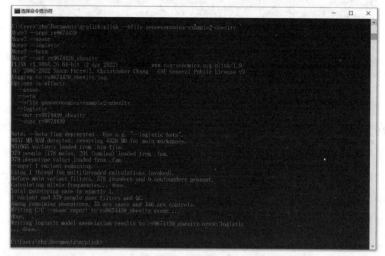

图 11-19　单个 SNP 与离散型表型的关联分析

与线性关联的分析结果类似，在新生成的 rs9674439_obesity. assoc. logistic 文件中，CHR 是染色体编号，SNP 是单核苷酸多态性位点编号，BP 是碱基对位置编号，A1 是有效等位基因，TEST 是统计检验类型（在此为加性模型），NMISS 是样本中缺失的数量，BETA 是 Logistic 关联回归系数，STAT 是 t 统计量的值，P 是 t 检验的 p 值。这里我们在输入命令时指定了 Logistic 回归返回系数值 BETA（所使用的命令：--beta），具体如下。

CHR	SNP	BP	A1	TEST	NMISS	BETA	STAT	P
16	rs9674439	33836510	C	ADD	379	−0.1074	−0.3783	0.7052

如果不指定，则 Logistic 回归默认返回比值比（OR），具体如下。

CHR	SNP	BP	A1	TEST	NMISS	OR	STAT	P
16	rs9674439	33836510	C	ADD	379	0.8981	−0.3783	0.7052

由于 OR 值在 0 和 1 之间，说明 rs9674439 位点的 C 等位基因与个体肥胖症风险降低相关，但并未达到统计显著。

11.3.3 全部位点的关联分析

估计二进制数据 genoeconomics-example2-obesity 中的所有 SNP 位点与表型变量之间的线性关联，这就相当于是进行一个小型的 GWAS，输入：

```
plink --bfile genoeconomics-example2-bmi ^
    --assoc ^
    --linear ^
    --out myGWAS_bmi
```

如图 11-20 所示。

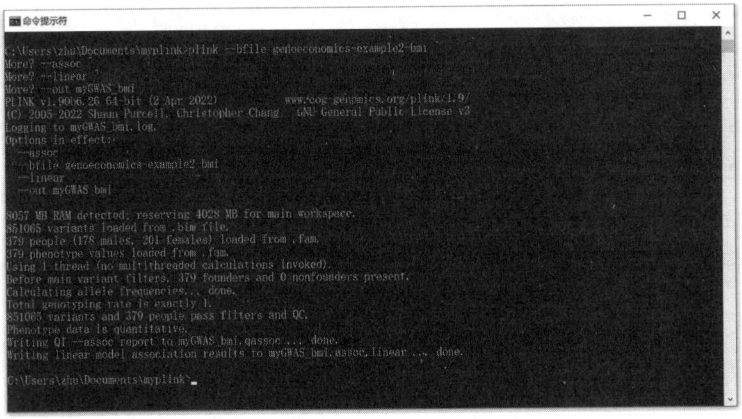

图 11-20　全部位点的关联分析

在新生成的 myGWAS_bmi. assoc. linear 文件中，包含了 851 065 个 SNPs 的线性关联分析结果，每一个 SNP 为一行。与之前相同，CHR 是染色体编号，SNP 是单核苷酸多态性位点编号，BP 是碱基对位置编号，A1 是有效等位基因（effect allele），TEST 是统计检验类型（在此为加性模型），NMISS 是样本中缺失的数量，BETA 是关联回归系数，STAT 是 t 统

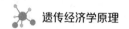

计量的值，P 是回归系数 t 检验的 p 值。以下为截取的分析结果，具体如下：

CHR	SNP	BP	A1	TEST	NMISS	BETA	STAT	P
1	rs1048488	760912	C	ADD	379	0.6031	2.151	0.03208
1	rs3115850	761147	T	ADD	379	0.6056	2.135	0.03343
1	rs2519031	793947	G	ADD	379	−0.9188	−1.019	0.3087
1	rs4970383	838555	A	ADD	379	−0.01473	−0.05882	0.9531
1	rs4475691	846808	T	ADD	379	−0.3347	−1.221	0.223
1	rs1806509	853954	C	ADD	379	−0.1015	−0.4786	0.6325
1	rs7537756	854250	G	ADD	379	−0.1289	−0.4769	0.6337
1	rs28576697	870645	C	ADD	379	0.1739	0.7539	0.4514

正如第 4 章中所介绍的，我们需要对 p 值进行多重检验校正。一般而言，当所测的 SNP 位点达到数百万时，根据 Bonferroni 校正可将 p 值阈值定为 5×10^{-8}。

在该例中，由于 SNP 位点数约为 85 万，若将 p 值阈值定为 1×10^{-6}，则得到一个显著性 SNP 位点 rs6775393（$p = 7.455 \times 10^{-7}$），关联分析结果如下：

CHR	SNP	BP	A1	TEST	NMISS	BETA	STAT	P
3	rs6775393	188504998	T	ADD	379	1.088	5.034	7.455e−07

我们可以进一步将 myGWAS_bmi.assoc.linear 中的关联分析结果通过 R 语言中的 gwaRs 软件包进行可视化，得到如图 11-21 所示的标准 GWAS 曼哈顿图。

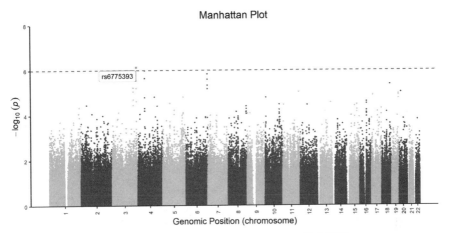

图 11-21　　myGWAS_bmi. assoc. linear 曼哈顿图

　　PLINK 关联分析中还可以增加其他控制变量或协变量，例如被访人的性别、出生年份、人口分层控制等。在线性模型中，所有协变量可以单独存放在一个 *. txt 文件中，然后通过添加--covar 命令调取。我们将在下一章对这种情况进行演示。

第 12 章

全基因组关联分析（GWAS）
Step-By-Step

通过上一章的介绍，我们已熟悉了 PLINK 软件的基本操作，本章将带领读者学习用 PLINK 进行 GWAS 全套流程，每一步均配有 PLINK 截图。

12.1 处理连锁不平衡

12.1.1 计算 LD

正如第 3 章中所介绍的，连锁不平衡（LD）是指在某一个群体中，不同基因座上的等位基因之间的非随机关联，即同时遗传的频率明显高于预期随机频率的现象。连锁不平衡是由多种因素共同作用的结果，如选择、遗传重组、突变、遗传漂移、人群分层、基因连锁等。由于连锁不平衡的存在，当基因组中存在造成表型差异的变异时，该变异附近的遗传位点也倾向于与表型产生关联，从而检测出含有控制表型变异基因的染色体区域。换句话说，连锁不平衡影响了等位基因在人群中的分布方式，并在 SNP 之间形成了一个相关联的结构，容易导致 GWAS 结果中假阳性位点的出现。因此，我们需要对连锁不平衡进行控制并识别出独立的 SNP 位点。在计算多基因评分时，一般也只提取独立 SNP。

SNP 之间的连锁不平衡程度可以用 D 值、D' 值和 r^2 值来度量。其中 D 值是连锁不平衡的基本单位，度量观察到的单倍型频率与平衡状态下期望频率的偏差，计算公式为：

$$D = p_{AB} - p_A p_B \tag{12.1}$$

其中 p_A、p_B 为单倍型 A 和 B 分别出现的频率，p_{AB} 为单倍型 A 和 B 共同出现的频率，得到的 D 即为实际情况中单倍型频率对于不相关情况下的理论值所产生的偏离。D 值的绝对值大小直接反映了两个基因之间的连锁程度的高低，绝对值越大，说明连锁程度越高；反之则越小。但是 D 值本身会受到等位基因频率影响，使得我们无法比较不同频率等位基因对之间的连锁不平衡程度，因此更多情况下，我们采用标准化后的 D 值，即 D' 值来衡量连锁不平衡程度。D' 值可通过将 D 值除以理论上 D 可能的最大绝对值获得。D' 值可以看作是归一化之后的 D 值，其取值范围为 0 到 1；$D' = 0$ 代表完全连锁平衡，即独立遗传；$D' = 1$ 则代表完全连锁不平衡。我们还可以使用不同基因座上的等位基因之间的相关系数 r^2 值来衡量连锁不平衡程度；$r^2 = 0$ 代表完全连锁平衡，即独立遗传和频繁的重组；$r^2 = 1$ 则代表完全连锁不平衡，两个位点之间没有重组。

我们在 PLINK 中可通过添加 --ld 命令来检查两个标记物之间的连锁不平衡程度，这里以 rs988647 和 rs6775393 为例，输入：

```
plink --bfile genoeconomics-example2-bmi ^
    --ld   rs988647 rs6775393 ^
    --outld_example1
```

如图 12-1 所示。

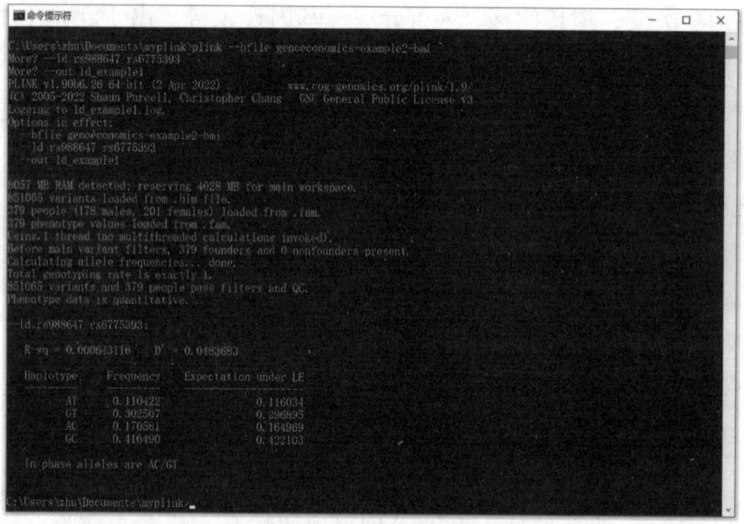

图 12-1　rs988647 和 rs6775393 之间的连锁不平衡程度

这里我们发现 r^2（R-sq）为 0.000643116，接近于 0，这表明 rs988647 和 rs6775393 之间的相关性很低。D' 值等于 0.0483683，意味着这两个 SNP 接近于完全连锁平衡或独立遗传情况。

我们再来看一看 rs3915010 与 rs6775393 之间的连锁不平衡程度，输入：

```
plink --bfile genoeconomics-example2-bmi ^
    --ld   rs3915010 rs6775393 ^
    --outld_example2
```

如图 12-2 所示。

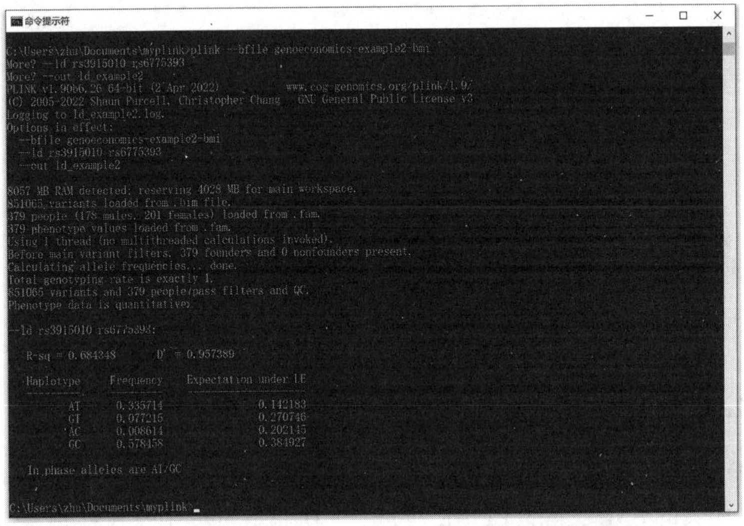

图 12-2　rs3915010 和 rs6775393 之间的连锁不平衡程度

在这个例子中，r^2（R-sq）为 0.68，表明 rs3915010 和 rs6775393 之间的相关性较高。D' 值为 0.96，接近于 1，说明这两个 SNP 接近于完全 LD，共同遗传的概率很高。

此外，也可以利用在线工具 LDlink（网址为 http：//ldlink. nci. nih. gov）查询人类基因组的连锁不平衡信息。图 12-3 是在 LDpair 模块下对 rs3915010 和 rs6775393 连锁不平衡情况的查询结果，显示人类参考基因组（GRCh37 版）中的 r^2（R^2）为 0.71，与我们计算的结果相似。在第 15 章中，我们将介绍如何利用 LDSC 软件计算基于多基因模型的 LD 分数。

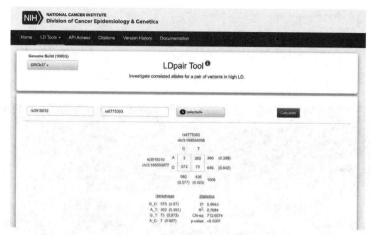

图 12-3　在线工具 LDlink 示例

12.1.2 LD 修剪

LD 修剪（LD pruning）可用于去除冗余的 SNP，即将与代表性 SNP 位点高度相关的 SNP 去除。PLINK 可以在 LD 修剪过程中迭代检查基因型数据中的所有 SNP，从每个 LD 区块中选择性保留一个代表性 SNP。在每一步中，具有较高次等位基因频率的 SNP 被保留。如果两个 SNP 的相关度 r^2 低于某个阈值，或者它们的碱基对距离大于指定值，则可以被认为是独立的（即连锁平衡）。默认情况下，距离超过 1000 kb（千碱基对）的两个 SNP 位点可以被认为是独立的。

可以在 PLINK 中运用 --indep-pairwise 命令进行 LD 修剪。--indep-pairwise 命令包含三个主要参数，依次为：滑动窗口大小、步长、r^2 值。r^2 值越小则修剪和滤除的 SNP 越多。在该例中，我们将 MAF 阈值设定为 1%，r^2 阈值设定为 0.2，滑动窗口大小和步长分别为 1000kb 和 1，输入：

```
plink --bfile genoeconomics-example2-bmi ^
    --maf 0.01 ^
    --indep-pairwise 1000kb 1 0.2 ^
    --outld_prune_example
```

如图 12-4 所示。

图 12-4　LD 修剪结果

新生成的文件 ld_prune_example. prune. in 中包含通过筛选条件的独立 SNP 位点，而文件 ld_prune_example. prune. out 列出了修剪掉的 SNP 位点。之后，我们可运用--extract 命令从原始样本中提取出通过筛选条件的独立 SNP 位点准备用于后续关联分析中，输入：

```
plink --bfile genoeconomics-example2-bmi ^
    --extract ld_prune_example. prune. in ^
    --make-bed ^
    --out genoeconomics-example2-bmi_pruned
```

如图 12-5 所示。

图 12-5　提取筛选后的独立 SNP 位点

12.2 处理人群分层

12.2.1 人群分层与主成分分析

人群分层（population stratification，也被称为 population structure，群体结构）是指由于个体之间非随机交配而导致的群体中亚群之间（例如不同族裔背景的个体之间）等位基因频率的系统性差异。这种系统性差异是另一个会导致 GWAS 结果发生偏差、产生假阳性的原因。

由于群体分层的存在，在一个人群中常见的 SNP 在另一个人群中很可能是罕见的，甚至根本就没有变化。以 *ALDH2* rs671 为例，该 SNP 是与人类酒精代谢密切相关的一个遗传标记，其等位基因 A 会导致喝酒脸红和酒精代谢能力差。但 rs671 的等位基因频率在世界各地不同人群中的差异很大，A 等位基因只在中国、日本等东亚人群中常见。

GWAS 研究时经常碰到群体分层的现象，即该群体的祖先来源多样性，我们知道，不同群体 SNP 频率不一样，导致后面进行关联分析的时候可能出现假阳性位点（不一定是显著信号位点与该表型有关，可能是与群体 SNP 频率差异有关），因此我们需要在关联分析前对该群体进行 PCA 分析，随后将 PCA 结果作为协变量加入关联分析中。

我们一般可采用主成分分析（principal components analysis，PCA）对样本进行处理，并将 PCA 结果作为协变量加入关联分析中。PCA 是一种常见的统计方法，可用于高维数据的降维，同时保持样本中对方差贡献最大的特征。通过计算多变量数据集的主成分，我们能够降低数据的复杂性，以说明原始数据集的结构。PCA 在遗传学分析中可以被用来解释样本中等位基因频率的差异。主成分可以作为解释原始数据中变异性的新变量。

主成分的一个重要属性是其内在的排序。第一个成分总是具有最大的解释价值，其次是第二个，以此类推。在分析中，通常使用遗传数据集中的前 10 个或前 20 个主成分。遗传学分析中的 PCA 几乎能够完美反映不同人群的地理变化。主成分也可以被用来了解一个人的祖先，以及被用于质量控制，例如从样本中剔除异质祖先的个体。最后，PCA 是 GWAS 研究中用来校正人群分层的标准方法之一。EIGENSTRAT 等软件也可以计算遗传基因数据中的主成分。

12.2.2 PLINK 中的主成分分析

我们可以在 PLINK 中运用--pca 10 命令进行主成分分析并获得前 10 个最重要的主成分，输入：

```
plink --bfile genoeconomics-example2-bmi_pruned ^
    --pca 10 ^
    --out genoeconomics-example2-pca
```

如图 12-6 所示。

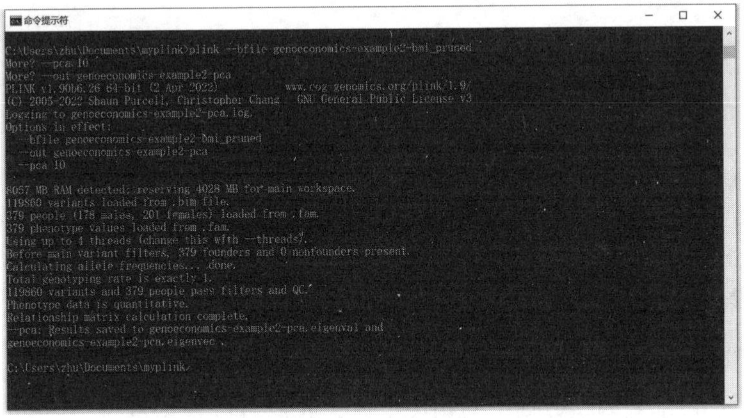

图 12-6　主成分分析

新生成的两个文件 genoeconomics-example2-pca. eigenval 和 genoeconomics-example2-pca. eigenvec；其中 ＊. eigenval 文件是每个 PCA 所占的比重，＊. eigenvec文件是主成分列表。我们可以进一步将 genoeconomics-example2-pca. eigenvec 中的 PCA 结果在 R 语言中进行可视化，得到如图 12-7 所示的标准 GWAS PCA 图。

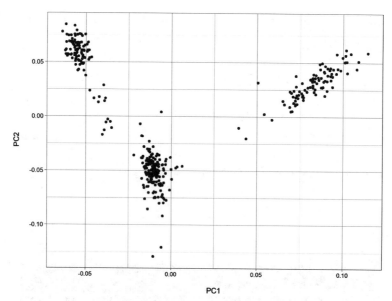

图 12-7　标准 GWAS PCA 图

12.3　亲缘关系

12.3.1 计算 IBS

重复的和相关（例如一级和二级亲属）的样本会在关联分析中引入偏差。为了识别基因型数据中的相关个体，我们可以根据每对个体共同拥有的共享等位基因的平均比例，计算出 IBS（identity by state）值。IBS 是指两个个体拥有的相同等位基因，可用于量化个体之间的亲缘关系。我们可以使用 PLINK 中的 --distance 命令来计算 IBS，输入：

```
plink --bfile genoeconomics-example2-bmi_pruned ^
    --distance ^
    --out ibs_mat
```

如图 12-8 所示。

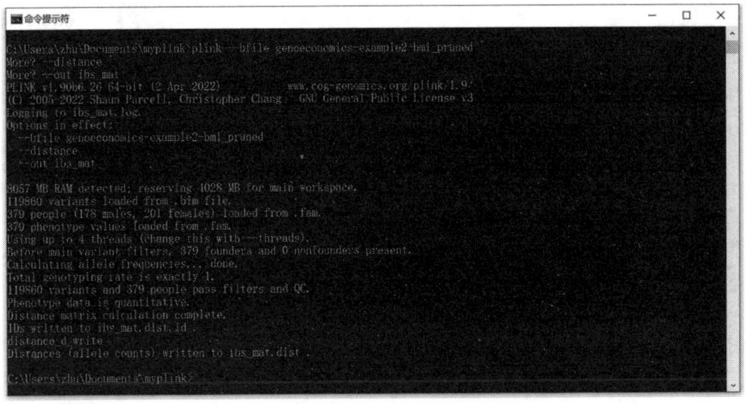

图 12-8　计算 IBS

新生成的 ibs_mat.dist 文件中包含样本个体之间的 Hamming 距离。Hamming 距离是一种衡量特征距离和相似性的计算方法，在许多领域都有应用。

12.3.2 计算遗传关系矩阵

遗传关系矩阵（genetic relatedness matrix）也被称为 GRM 矩阵、G 矩阵、亲缘关系矩阵等，是另一种量化个体间亲缘关系的指标。理想状况下，一对同卵双胞胎或重复数据的遗传关系系数期望值为 1；一级亲属（如全血亲或父母—子代）为 0.5；二级亲属（如祖父母—孙子女）为 0.25；三级亲属（如堂兄弟姐妹）为 0.125。实际测算出的数值一般会与期望值有少许差异。我们可以使用--make-rel 命令来计算 GRM 矩阵，输入：

```
plink --bfile genoeconomics-example2-bmi_pruned ^
    --make-rel ^
    --out grm_mat
```

如图 12-9 所示。

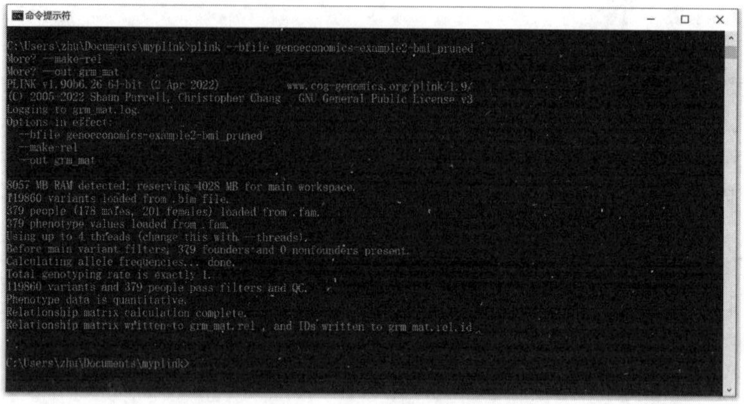

图 12-9　计算 GRM 矩阵

新生成的 grm_mat. rel 文件即为样本中所有个体的遗传关系矩阵，以三角矩阵形式列出。样本中前 5 个个体的 GRM 矩阵形式如下：

0.985052				
0.000557865	0.997961			
0.00377525	−0.00365345	0.993793		
0.00236326	0.0090803	0.0273039	0.996467	
0.00169317	0.00416266	0.013761	0.0232361	1.00013

12.4　包含协变量的 GWAS

我们可以将 PCA 分析获得的主成分数据作为协变量加入到 GWAS 当中，方法是将第 12.2.2 节中生成的 genoeconomics-example2-pca. eigenvec 文件另存为 *. txt 文件，然后运用 --covar 命令调取协变量，输入：

```
plink --bfile genoeconomics-example2-bmi_pruned ^

    --assoc ^

    --linear ^

    --covar genoeconomics-example2-pca. eigenvec. txt ^

    --out myGWAS2_bmi
```

如图 12-10 所示。

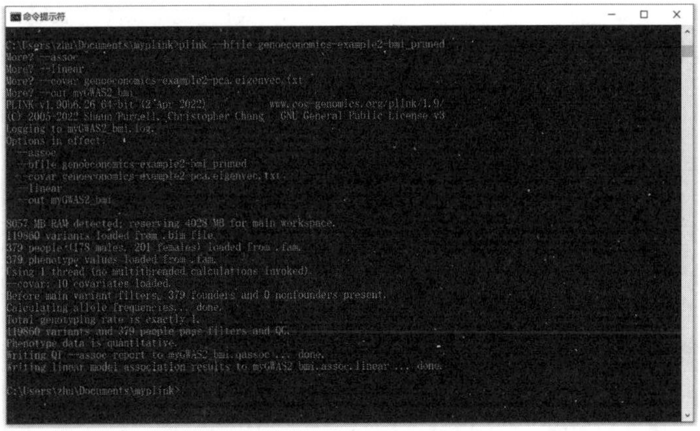

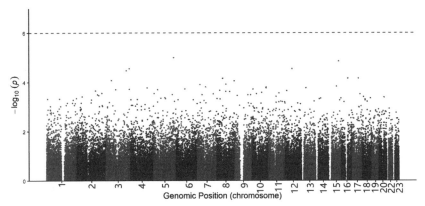

图 12-10　调取协变量

在新生成的 myGWAS2_bmi. assoc. linear 文件中，包含了 119 860 个 SNP 位点的多元线性关联分析结果。与第十一章中的 myGWAS1_ bmi. assoc. linear 相比，SNP 位点数量减少了约 85%，这主要是由于我们在 LD 修剪过程中剔除了大量冗余的高相关性 SNP 位点。默认得到的关联分析结果中不光包含 SNP 位点的系数值，也包含协变量的系数值。也可以指定--linear hide-covar 来隐藏协变量的关联结果。如图 12-11 所示，在控制了 LD 和群体分层之后，样本中没有发现与表型变量显著相关的 SNP 位点。

图 12-11　myGWAS2_bmi. assoc. linear 曼哈顿图

第 13 章

GCTA 操作基础 Step-By-Step

全基因组复杂性状分析（Genome-wide Complex Trait Analysis，GCTA）软件由西湖大学杨剑团队于 2011 年开发，是另一款强大的开源基因数据工具集。除了能够进行 GWAS 研究，GCTA 还能够计算亲缘关系矩阵和遗传力等重要指标。本章将带领读者一步一步学习在 Windows 系统下使用GCTA 软件，每一步均配有 GCTA 截图。

13.1　GCTA 安装

GCTA 1.94.0 beta 版可以在杨剑实验室网站（网址为 https://www.cog-genomics.org/plink/）上根据所使用的操作系统免费下载。例如，如果使用的是 Windows 操作系统，可以选择 Windows gcta_v1.94.0Beta_windows_x86_64.zip 文件下载。将下载好的文件解压缩后移动到待使用的工作目录下，确保其中包含 gcta64.exe 文件，如图 13-1 所示。

图 13-1　GCTA 下载界面

13.2　在 Windows 系统下运行 GCTA

与 PLINK 类似，GCTA 的使用也是在 Windows 系统的"命令提示符"

应用中，打开步骤是：点击 Windows 左下角搜索图标，输入"cmd"并按
"Enter"键，即可打开"命令提示符"应用。

在 MS-DOS 环境下，还需要使用"cd"命令来改变工作路径至存放
gcta64.exe 文件的路径。确保工作目录和存放 gcta64.exe 文件的目录一致
后，下一步是在命令提示符应用中打开并运行 GCTA，输入：

gcta64

如图 13-2 所示。

图 13-2　运行 GCTA

13.3　用 GCTA 计算遗传关系矩阵

与 PLINK 类似，GCTA 同样可以直接读取 bim/fam/bed 二进制格式基
因数据，且语句结构也与 PLINK 类似。我们可以运用--make-grm-gz 命令
来计算 GRM 矩阵，输入：

```
gcta64 --bfile genoeconomics-example2-bmi ^
          --make-grm-gz ^
          --make-grm-alg 1 ^
          --out kinship
```

如图 13-3 所示。

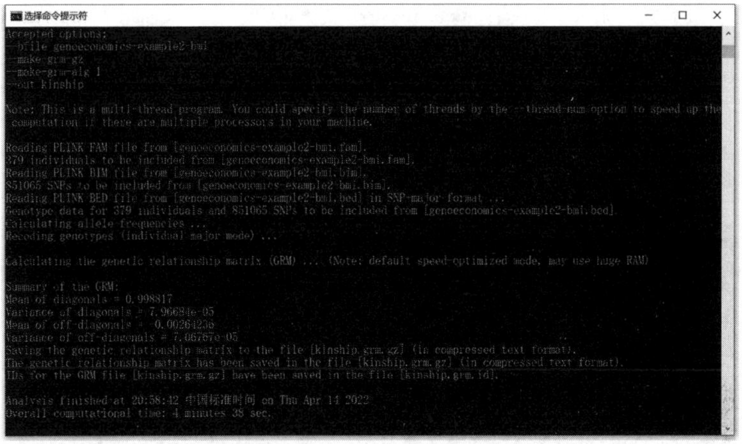

图 13-3　使用 GCTA 计算 GRM 矩阵

新生成的文件 kinship. grm. gz 是个体间亲缘关系的压缩文件，解压后可获得 kinship. grm 文件，包含 4 列数据，分别是个体 1 的 ID、个体 2 的 ID、用于计算个体 1 和个体 2 亲缘关系的 SNP 总数，以及个体 1 和个体 2 的遗传关系系数，具体如下。

列 1	列 2	列 3	列 4
1	1	2. 672393e+05	9. 952216e-01
2	1	2. 672393e+05	5. 751785e-03
2	2	2. 672393e+05	1. 007786e+00
3	1	2. 672393e+05	5. 169256e-03
3	2	2. 672393e+05	-3. 092432e-04
3	3	2. 672393e+05	9. 899623e-01

13.4　以 GRM 值为 0.025 对样本进行修剪

我们可以直接在 GCTA 中将重复或亲缘关系过高的样本进行滤除，以提高后续关联分析的准确性。先基于所有常染色体计算 GRM 矩阵，输入：

```
gcta64--bfile genoeconomics-example2-bmi ^

    --autosome ^

      --make-grm ^

        --out genoeconomics-example2-bmi
```

如图 13-4 所示。

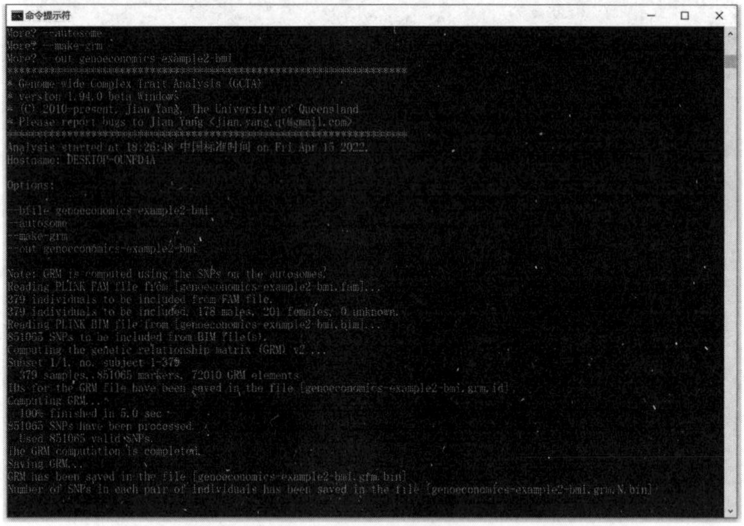

图 13-4　基于常染色体计算 GRM 矩阵

再运用--grm-cutoff 0.025 命令将亲缘关系高于 0.025 的样本滤除，输入：

```
gcta64--grm genoeconomics-example2-bmi ^

    --grm-cutoff 0.025 ^

    --make-grm ^

    --out genoeconomics-example2-bmi_grmpruned
```

如图 13-5 所示。

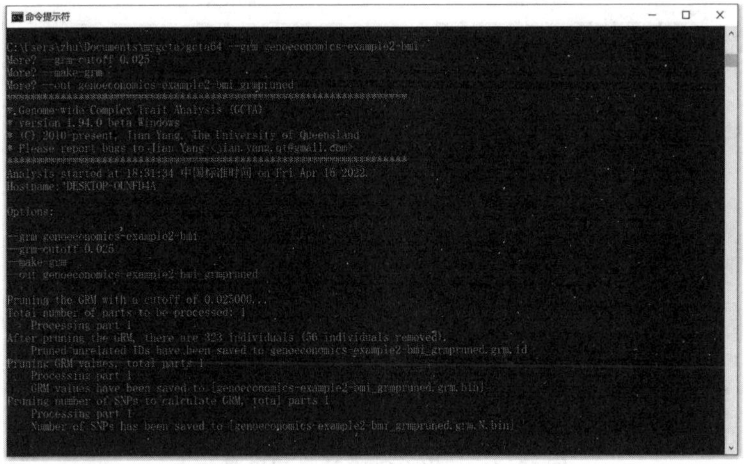

图 13-5　滤除亲缘关系高于 0.025 的样本

　　结果显示，56 个个体因为亲缘关系高于阈值被删除，剩余样本量为 323。

13.5　计算 SNP 遗传力

　　我们可以直接在 GCTA 中计算 SNP 遗传力（即 h^2_{SNP}，见第 3 章），这里以表型变量 BMI 为例，输入：

```
gcta64--grm genoeconomics-example2-bmi_grmpruned ^
    --pheno BMI_pheno. txt ^
    --reml ^
    --out bmi_snph2
```

如图 13-6 所示。

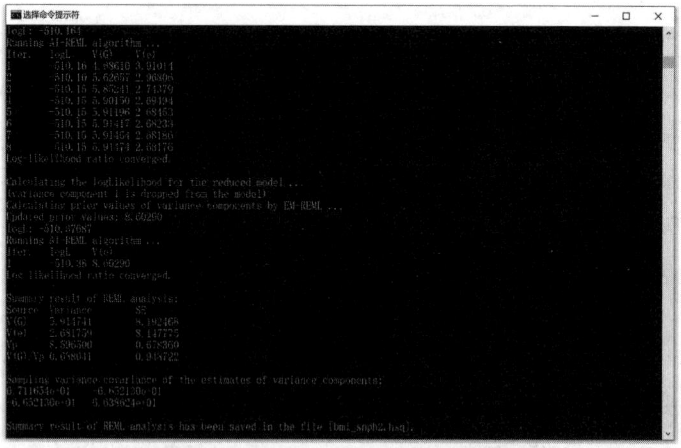

图 13-6 使用 GCTA 计算 SNP 遗传力

新生成的 bmi_snph2. hsq 文件中存储了遗传力的计算结果。其中 V（G）是加性遗传方差；V（e）是环境方差；V（G）/Vp 是估计出的 SNP 遗传力，在此为 0.69。但 V（G）/Vp 的标准误差为 0.95，说明这里估计出的 SNP 遗传力精确度较低，GCTA 还对遗传力进行了一个对数似然比检验（log-likelihood ratio test），统计量的 p 值显示我们无法拒绝零假设（即 h^2_{SNP} 估计值与零显著不同）。这主要是由于该例中所用的样本量过小所导致的（在实际研究中，样本量通常达到几万甚至上百万）。

Source	Variance	SE
V（G）	5. 914741	8. 192468
V（e）	2. 681759	8. 147775
Vp	8. 596500	0. 678360
V（G）/Vp	0. 688041	0. 948722
logL	−510. 148	
logL	0−510. 377	
LRT	0. 458	
df	1	
Pval	2. 4927e−01	
n	323	

第 14 章

計算多基因評分 Step-By-Step

在第 5 章中，我们介绍了多基因评分的相关概念和理论基础。在加性模型中，个体 i 的 PGS 公式可以写为：

$$PGS_i = \sum_{j=1}^{J} \beta_j SNP_{ij} \qquad (14.1)$$

其中 SNP_{ij} 为个体 i 中与表型相关单核苷酸多态性 j 的有效等位基因个数（取值为 0、1 或 2），权重 β_j 是该表型 GWAS 回归结果中单核苷酸多态性 j 的回归系数。因此，PGS 本身是一个指数，汇集了与特定表型性状相关 SNP 位点影响的加权和，能够捕捉到个体对于特定表型的遗传倾向（genetic predisposition）。在计算 PGS 时，我们通常假设 SNP 的效应是独立的，基因和基因之间没有相互作用，即不存在上位效应（epistasis）。

为了计算一个特定表型的 PGS，我们需要个体层面的基因数据（包含 SNP_{ij} 的信息）以及该表型特征的 GWAS 回归结果（包含 β_j 的信息）。但需要注意，得到该 GWAS 回归结果的样本中不应包含待使用的个体层面基因数据，否则会引入额外偏差，导致过拟合。

本章将带领读者学习用 PLINK 和 PRSice 软件计算多基因评分，每一步均配有截图。

14.1 利用 PLINK 计算多基因评分

在 PLINK 环境中，可通过 --score 命令来添加纳入 PGS 计算中的 SNP 位点及权重信息。我们先尝试计算关于体质指数 BMI 表型的多基因评分。根据 Yengo 等（2018）的 GWAS 结果，我们确定了 941 个与 BMI 显著相关的 SNP 位点，则 BMI 多基因评分 $PGS_{BMI} = \sum_{j=1}^{J=941} \beta_j SNP_j$。我们将计算这一 PGS 所需要的信息存储在文本文件 beta_BMI. txt 中，包含 3 列信息，分别是 SNP ID、有效等位基因，以及 Yengo 等（2018）报告的 GWAS 回归系数（即 β_j）。

列 1	列 2	列 3
rs10938397	A	−0.032823
rs987237	A	−0.0393073
rs9816226	A	−0.0234893
rs2307111	T	0.0217969
rs1412235	C	0.0325015
rs543874	A	−0.0474975

为了获得样本中每个人的 BMI 多基因评分，我们可以在 PLINK 环境中输入：

```
plink --bfile genoeconomics-example2-bmi ^
    --score beta_BMI ^
    --pheno BMI_pheno. txt ^
    --out genoeconomics_pgs_example
```

如图 14-1 所示。

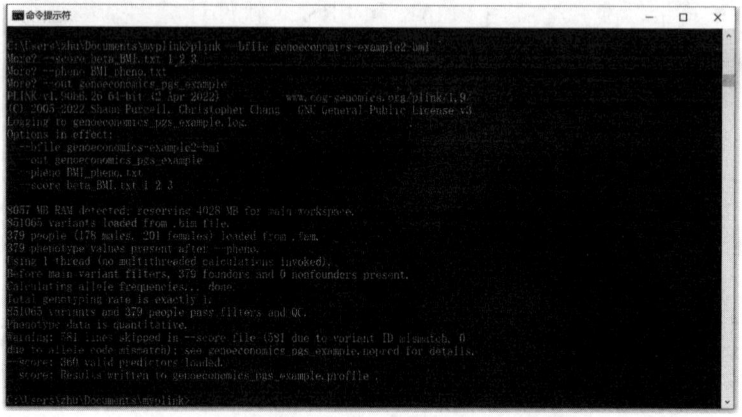

图 14-1　利用 PLINK 计算 BMI 多基因评分

在新生成的 genoeconomics_pgs_example. profile 文件中，FID 是参与人的家庭编号，IID 是个体编号，PHENO 是表型变量（这里为个体的 BMI），CNT 是用于计分的非缺失 SNP 个数，CNT2 是被命名的等位基因的数量，

SCORE 是计算得到的多基因评分（这里为 PGS_{BMI}），具体结果如下。

FIDIID	PHENO	CNT	CNT2	SCORE
0	HG00096 25.0228	720	358	−0.000386545
0	HG00097 24.8536	720	337	−0.000318364
0	HG00099 23.6893	720	359	−0.000338559
0	HG00100 27.0162	720	346	−0.000386409
0	HG00101 21.4616	720	357	−0.000871343
0	HG00102 20.6736	720	374	−0.000989626

　　分析所获得的数据发现，BMI 表型（genoeconomics_pgs_example. profile 文件中的 PHENO）与计算得到的 BMI 多基因评分（genoeconomics_pgs_example. profile 文件中的 SCORE）之间的相关系数为 0.1098，符合预期。同时，如图 14-2 所示，BMI 表型与 BMI 多基因评分在样本中的分布都接近于正态分布，符合预期。

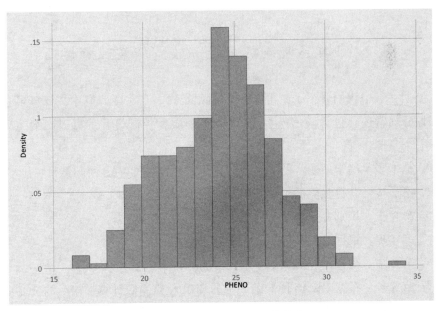

（a）BMI 表型（PHENO）的分布

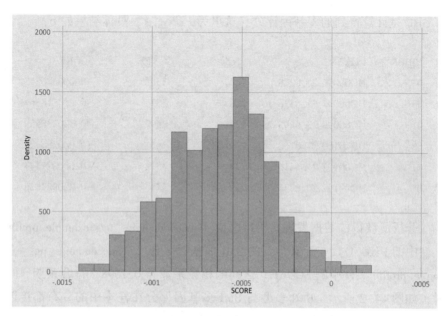

（b）BMI 多基因评分（SCORE）的分布

图 14-2　变量分布特征

14.2　计算多基因评分的一般步骤及注意事项

上一节中我们介绍了获得 PGS 的简化步骤。在实际研究中，计算多基因评分通常还会包含阈值选择、LD 修剪等质量控制过程，可以归纳为以下七个具体步骤。

第 1 步：确定所研究的表型，并获得该表型的 GWAS 回归结果；

第 2 步：获得独立的个体层面基因数据样本；

第 3 步：识别并选择两个样本之间共同的 SNP 位点；

第 4 步：根据 LD 进行修剪并选择独立的 SNP 位点；

第 5 步：筛选出 p 值低于一定阈值的 SNP 位点；

第 6 步：根据 GWAS 回归结果中的 SNP 位点系数计算加权后的 PGS；

第 7 步：通过表型变量对 PGS 回归评估关联强度。

其中，第 1 步中所需的 GWAS 回归结果通常可以根据 GWAS 论文原文中作者介绍的方法获取，也可以在 GWAS ATLAS 网站检索并下载得到（网址为 https://atlas.ctglab.nl/）。如图 14-3 所示，GWAS ATLAS 目前收录了 4756 项人类不同表型的 GWAS 结果，包含我们计算特定表型 PGS 所需要的 SNP 位点、权重值（即回归系数）、p 值等重要信息。

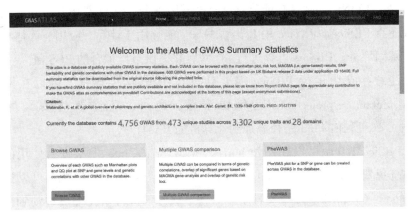

图 14-3　GWAS ATLAS 网站检索 GWAS 回归结果

第 4 步中的 LD 修剪（非强制性）能够避免对基因组中基因分型较密集的区域进行过度采样，增强计算结果的稳健性。对于独立 SNP 位点的选择可以避免重复计算因果变体。选择独立 SNP 位点的方法一般有两种，修剪法或是聚集法。修剪是用统计方法在每个 LD 区块内随机选择一个 SNP 位点。聚集则是选择每个 LD 区块中 p 值最小（即最为显著）的 SNP 位点。两种方法都可以减少纳入 PGS 计算的 SNP 位点之间的相关性。聚集法由于能够保留 LD 区块中具有最强统计证据的 SNP 位点，因而更具优势。

对于这两种方法，我们需要额外提供关于 LD 的区块大小以及 r^2 阈值的参数信息（参见第 12.1 节）。对于聚集法，通常推荐的 r^2 阈值窗口是 0.5—0.7。太小的 r^2 阈值会遗漏潜在的因果 SNP 位点，而太大的 r^2 阈值则会造成过度采样或重复计算。LD 窗口的长度一般选择为 1Mb，这是我们假设遗传变异体在统计上独立的物理距离。

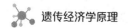

14.3 利用 PRSice 计算多基因评分

14.3.1 PRSice 软件介绍与下载

除了 PLINK 的附带功能能够计算多基因评分，计算多基因评分的主流软件还有 PRSice。PRSice 用 R 语言编写，能够用于计算、应用、评估和绘制多基因评分。PRSice 可以进行 LD 修剪并提供最佳拟合的 PGS 值。

注意：成功运行 PRSice 需要计算机中安装 R 语言，可以在网站 https://cran.r-project.org/上免费下载。此外，还需要将安装好的 Rscript.exe 所在的 bin 路径添加到计算机的 PATH 中。

PRSice 2.0 版可以在网站 https://www.prsice.info/上根据所使用的操作系统免费下载。例如如果使用的是 Windows 64 位操作系统，可以选择 "Windows 64-bitv2.3.5" 文件下载。将下载好的文件解压缩后移动到待使用的工作目录下，确保其中包含 PRSice_win64.exe 文件。这里需要注意的是，根据读者所使用的版本和操作系统的不同，具体文件名称可能会有差异，请酌情变通（见图 14-4）。

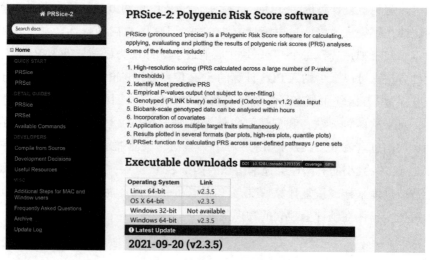

图 14-4　PRSice 软件下载界面

14.3.2 在 Windows 系统中打开 PRSice

与 PLINK 和 GCTA 的使用类似，PRSice 的使用也是在 Windows 系统的"命令提示符"应用程序中。打开步骤是：点击 Windows 系统左下角"开始"菜单搜索图标，输入"cmd"和回车，即可打开"命令提示符"应用程序。

在 MS-DOS 环境下，还需要使用"cd"命令来改变工作路径至存放 PRSice_win64.exe 文件的路径。确保工作目录和存放 PRSice_win64.exe 文件的目录一致后，下一步是在"命令提示符"应用程序中打开并运行 PRSice，输入：

PRSice_win64

如图 14-5 所示。

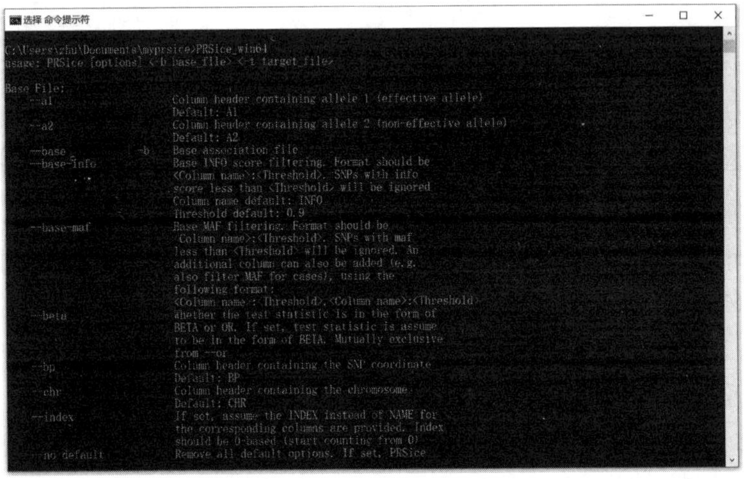

图 14-5　运行 PRSice

14.3.3 PRSice 所需的输入文件

在进行多基因评分计算前，我们需要准备好 PRSice 所必需的 base 文件和 target 文件。base 文件中包含的是表型相关的 GWAS 回归结果，在 PRSice 中我们可以使用--base 命令指定 base 文件。base_BMI.txt 文件是我们在本节演示中所用到的 base 文件，来自于 Yengo 等（2018）的 BMI 表型 GWAS 结果，包含 7 列数据：SNP ID（"SNP"列）、所属染色体（"CHR"列）、所处位置（"BP"列）、次等位基因（"A1"列）、主等位基因（"A2"列）、回归系数（"BETA"列）和 p 值（"Pvalue"列）：

SNP	CHR	BP	A1	A2	BETA	Pvalue
rs10938397	4	45182527	A	G	−0. 032823	0
rs987237	6	50803050	A	G	−0. 0393073	0
rs9816226	3	185834499	A	T	−0. 0234893	2. 08E−18
rs2307111	5	75003678	T	C	0. 0217969	4. 98E−36
rs1412235	9	28410996	C	G	0. 0325015	0
rs543874	1	177889480	A	G	−0. 0474975	0
rs9675376	18	57969244	A	G	0. 0215401	1. 29E−22

不同 base 文件的变量命名会有所差异。在 PRSice 中，我们可以用 −−snp、−−A1、−−A2、−−stat、−−pvalue 等参数，指定 SNP 位点、次等位基因、主等位基因、权重或回归系数、p 值等变量在 base 文件中的具体名称。

target 文件是我们进行多基因评分计算的目标文件，也就是个体层面的基因数据，与 PLINK 所用的数据格式相同（如二进制文件 ∗. bed/ ∗. bim/ ∗. fam）。在 PRSice 中，我们可以使用−−target 命令指定 target 文件。本节中我们采用 genoeconomics-example2-bmi 二进制文件作为演示。

此外，根据研究需要，我们还可以准备表型文件以及 LD 文件。表型文件的前两列应为 FID（家庭 ID）和 IID（个体 ID），第三列为具体的表型变量观测值；在 PRSice 中可以使用−−pheno-file 命令指定表型文件。本节中我们采用 BMI_pheno. txt 文件作为演示。LD 文件用于衡量 SNP 之间连锁不平衡关系，在 PRSice 中可以使用−−ld 命令进行指定。

14.3.4 计算多基因评分

在准备好输入文件后，为了获得样本中每个人的 BMI 多基因评分，我们可以在 PRSice 环境中输入：

```
Rscript PRSice. R ^
    --prsice PRSice_win64. exe ^
    --base base_BMI. txt ^
    --target genoeconomics-example2-bmi ^
    --snp SNP ^
    --A1 A1 ^
    --A2 A2 ^
    --stat Beta ^
    --pvalue Pvalue ^
    --pheno-file BMI_pheno. txt ^
    --bar-levels 5e-08, 5e-07, 5e-06, 5e-05, 5e-04, 5e-03, 5e-02, 5e-01 ^
    --fastscore ^
    --all-score ^
    --binary-target F ^
    --out genoeconomics_prsice_example
```

如图 14-6 所示。

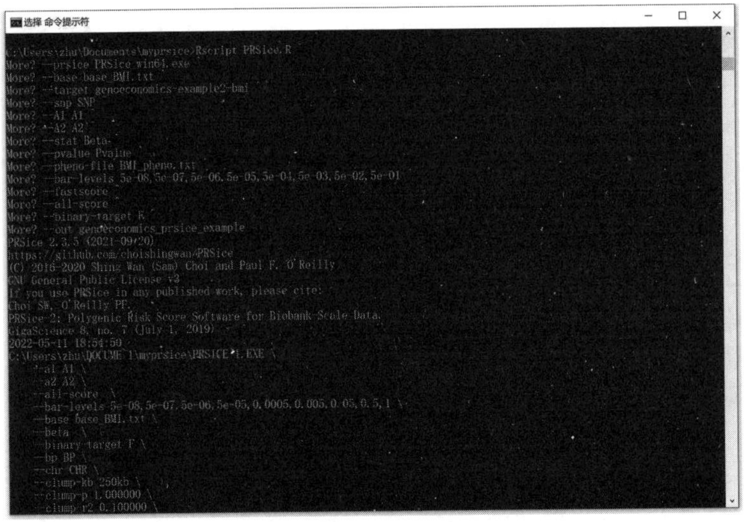

图 14-6　利用 PRSice 获得 BMI 多基因评分

在新生成的 genoeconomics_prsice_example. all_score 文件中包含了计算出的每个人的 BMI 多基因评分。如果表型为二元虚拟变量（NA 或者-9 代表缺失值），则应使用--binary-target T ^语句。此外，协变量信息可以在 PRSice 中通过--cov 命令添加。

第 15 章

LDSC 操作基础 Step-By-Step

LDSC 由美国博德研究所（Broad Institute）的 Brendan Bulik-Sullivan、Benjamin Neale 等研究人员于 2015 年开发。LDSC 的一个优势是能够直接利用 GWAS 研究结果的汇总数据（summary data）来计算遗传力和遗传相关性等重要指标，而无须研究人员使用个体层面的基因数据。LDSC 目前支持 MacOS 和 Linux 系统，暂不支持 Windows 系统。本章将带领读者学习在 MacOS 系统下使用 LDSC，每一步均配有截图。

15.1 连锁不平衡分数

连锁不平衡是群体遗传学中的重要概念，用于描述在特定人群中，一个遗传变体的等位基因与附近遗传变体的等位基因的遗传程度或相关程度。理论上，连锁不平衡是指一对遗传位点上等位基因的非随机关联，即所观察到的单倍型频率与假设两个基因座上的等位基因独立关联时预期频率的偏差。因此，连锁不平衡的量化方法其实有许多种。

在本章中，我们默认采用 Bulik-Sullivan 等（2015）提出的基于多基因模型的连锁不平衡分数（LD score）。假设在一定范围内共有 1, 2, …, M 个 SNP 位点，那么第 j 个 SNP 位点的连锁不平衡分数（$LDScore_j$）可以被定义为该 SNP 位点与这一范围内其他 SNP 位点的相关系数（r^2）之和：

$$LDScore_j = \sum_{k=1}^{M} r_{jk}^2 \qquad (15.1)$$

一般而言，两个位点在基因组上的物理距离越近，相关系数就越高；反之，则相关系数越小。计算得到的连锁不平衡分数可以被广泛应用于评估种群结构和种群历史，检测自然选择和估计等位基因年龄，以及在全基因组关联中确定基因型—表型关联等。

15.2 LDSC 安装

LDSC v1.0.1 版的官方网址为 https://github.com/bulik/ldsc。由于

LDSC 采用 Python 语言为脚本，安装前需要确保计算机中已安装了 Anaconda 或 Miniconda（基础版都为免费软件）。以 MacOS 系统为例，使用者可以首先在网站 https://docs.conda.io/en/latest/miniconda.html 下载 Miniconda3 MacOSX 64-bit pkg 并进行安装，为后续 LDSC 软件所需的 conda 环境配置做准备（见图 15-1）。

图 15-1　LDSC 下载界面

安装好 Miniconda 之后，我们可以在 MacOS 系统中调出 Terminal（终端），输入以下命令下载、安装 LDSC 并配置环境。

```
git clone https://github.com/bulik/ldsc.git
    cd ldsc
    conda env create --file environment.yml
```

15.3　激活 LDSC 环境

成功完成以上步骤后，每次使用 LDSC 之前都需输入以下命令以激活 LDSC 环境：

```
source activate ldsc
```
如图 15-2 所示。

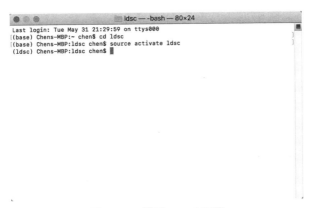

图 15-2　激活 LDSC 环境

成功激活 LDSC 环境后，输入以下命令可以查看 LDSC 相关命令列表：

./ldsc. py -h

如图 15-3 所示。

图 15-3　LDSC 相关命令

15.4　利用 LDSC 计算连锁不平衡分数

与 PLINK 类似，LDSC 同样可以直接读取 bim/fam/bed 二进制格式基因数据。本节中所用到的基因数据可以在 LDSC 软件官方网址下载得到（https://data.broadinstitute.org/alkesgroup/LDSCORE/1kg_eur.tar.bz2）。

解压后可获得 22.bim、22.fam、22.bed 以及 22.hm3.daf.gz 四个文件，我们需要将这些基因数据移动至 ldsc 目录下。为了获得连锁不平衡分数，我们可以用--l2 语句利用 LDSC 来计算连锁不平衡分数，用--ld-wind-cm 语句利用 LDSC 计算窗口的大小（通常建议为 1 centiMorgan），用--bfile 语句读取二进制基因数据，用--out 语句指定生成数据的名称，输入：

```
./ldsc.py \
    --bfile 22 \
    --l2 \
    --ld-wind-cm 1 \
    --outmy_ldscore_22
```

如图 15-4 所示。

图 15-4　利用 LDSC 获得连锁不平衡分数

新生成 my_ldscore_22. log、my_ldscore_22. l2. M、my_ldscore_22. l2. M_5_50、my_ldscore_22. l2. ldscore. gz 共四个文件。其中 my_ldscore_22. l2. ldscore. gz 是连锁不平衡分数的压缩文件，将文件解压后，得到 4 列数据，分别是染色体号（CHR）、SNP 号（SNP）、碱基对物理位置（BP）以及 LD 分数（L2），具体如下。

CHR	SNP	BP	L2
22	rs9617528	16061016	1. 271
22	rs4911642	16504399	1. 805
22	rs140378	16877135	3. 849
22	rs131560	16877230	3. 769
22	rs7287144	16886873	7. 226
22	rs5748616	16888900	7. 379
22	rs5748662	16892858	7. 195
22	rs5994034	16894090	2. 898
22	rs4010554	16894264	6. 975

注意，如果所研究的样本为欧洲人群或者东亚人群样本，可以直接使用千人基因组计划（1000 Genomes Project）计算好的连锁不平衡分数，一般无需再自行计算连锁不平衡分数。欧洲人群连锁不平衡分数文件名为 eur_w_ld_chr. tar. bz2，东亚人群连锁不平衡分数文件名为 eas_ldscores. tar. bz2（下载地址为 https://alkesgroup. broadinstitute. org/LDSCORE/）。

15.5　利用连锁不平衡分数回归计算遗传力

本节中需要用到 HapMap3 SNP 列表文件 w_hm3. snplist 作为参照，可以在 LDSC 官网下载后解压得到（下载地址为 https://data. broadinstitute. org/alkesgroup/LDSCORE/w_hm3. snplist. bz2）。我们以 2013 年发表在 Molecular Psychiatry 上的抑郁症 GWAS 为例进行遗传力计算。首先需要获取抑郁症 GWAS 汇总结果（pgc. mdd. 2012 - 04. zip 文件），下载地址为 https://fig-share. com/articles/dataset/mdd2013/14672082。

解压后得到 pgc. mdd. full. 2012-04. txt 文件，存放在 ldsc 目录中。可以用 head 命令查看文件是否正确，输入：

head pgc. mdd. full. 2012-04. txt

如图 15-5 所示。

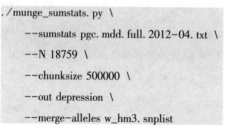

```
●  ●  ●                        ldsc — -bash — 93×12
(ldsc) Chens-MBP:ldsc chen$ head pgc.mdd.full.2012-04.txt
snpid hg18chr bp a1 a2 or se pval info ngt CEUaf
rs12562034     1      758311  A    G      0.9086  0.089   0.2817  1.02    20.0925926
rs4970383      1      828418  A    C      1.002   0.0752  0.9817  0.438   00.201835
rs4475691      1      836671  T    C      1.004   0.0534  0.9342  0.981   20.146789
rs1806509      1      843817  A    C      0.9972  0.072   0.9689  0.373   00.600917
rs7537756      1      844113  A    G      0.9929  0.0569  0.9007  0.836   00.834862
rs2340587      1      854801  A    G      0.9953  0.0611  0.9383  0.673   00.816514
rs28576697     1      860508  T    C      0.9531  0.0674  0.4759  0.316   00.74537
rs1110052      1      863421  T    G      0.9523  0.0656  0.456   0.34    00.752294
rs7523549      1      869180  T    C      0.5541  0.3591  0.1001  0.124   00.0137615
(ldsc) Chens-MBP:ldsc chen$
```

图 15-5 利用 head 命令查看文件

由于这是 GWAS 汇总数据，我们在计算遗传力之前需要将其转换为 LDSC 所需要的 . sumstats 格式，所用到的是 LDSC 中的 munge_sumstats. py 模块，用 --N 语句指定 GWAS 样本量大小（在此为 18759），输入：

```
./munge_sumstats. py \
    --sumstats pgc. mdd. full. 2012-04. txt \
    --N 18759 \
    --chunksize 500000 \
    --out depression \
    --merge-alleles w_hm3. snplist
```

如图 15-6 所示。

```
ldsc — -bash — 80×53
*********************************************************************
* LD Score Regression (LDSC)
* Version 1.0.1
* (C) 2014-2019 Brendan Bulik-Sullivan and Hilary Finucane
* Broad Institute of MIT and Harvard / MIT Department of Mathematics
* GNU General Public License v3
*********************************************************************
Call:
./munge_sumstats.py \
--out depression \
--merge-alleles w_hm3.snplist \
--chunksize 500000 \
--N 18759.0 \
--sumstats pgc.mdd.full.2012-04.txt

Interpreting column names as follows:
info:   INFO score (imputation quality; higher --> better imputation)
snpid:  Variant ID (e.g., rs number)
a1:     Allele 1, interpreted as ref allele for signed sumstat.
pval:   p-Value
a2:     Allele 2, interpreted as non-ref allele for signed sumstat.
or:     Odds ratio (1 --> no effect; above 1 --> A1 is risk increasing)

Reading list of SNPs for allele merge from w_hm3.snplist
Read 1217311 SNPs for allele merge.
Reading sumstats from pgc.mdd.full.2012-04.txt into memory 500000 SNPs at a time
.
... done
Read 1235109 SNPs from --sumstats file.
Removed 135258 SNPs not in --merge-alleles.
Removed 0 SNPs with missing values.
Removed 205873 SNPs with INFO <= 0.9.
Removed 0 SNPs with MAF <= 0.01.
Removed 0 SNPs with out-of-bounds p-values.
Removed 2 variants that were not SNPs or were strand-ambiguous.
893976 SNPs remain.
Removed 0 SNPs with duplicated rs numbers (893976 SNPs remain).
Using N = 18759.0
Median value of or was 0.9999, which seems sensible.
Removed 41 SNPs whose alleles did not match --merge-alleles (893935 SNPs remain)
.
Writing summary statistics for 1217311 SNPs (893935 with nonmissing beta) to dep
ression.sumstats.gz.

Metadata:
Mean chi^2 = 1.078
Lambda GC = 1.074
Max chi^2 = 24.754
0 Genome-wide significant SNPs (some may have been removed by filtering).

Conversion finished at Wed Jun  1 15:51:29 2022
Total time elapsed: 26.77s
(ldsc) Chens-MBP:ldsc chen$
```

图 15-6　利用 LDSC 指定 GWAS 样本量

新生成的 depression. sumstats. gz 文件为清理后的数据，可直接利用连锁不平衡分数回归计算抑郁症的遗传力，所用到的语句为--h2，输入：

```
./ldsc. py \
    --h2depression. sumstats. gz \
    --ref-ld-chr eur_w_ld_chr/ \
    --w-ld-chr eur_w_ld_chr/ \
    --out depression_h2
```

如图 15-7 所示。

图 15-7 利用 LDSC 计算抑郁症的遗传力

运行结果的结尾部分即为计算得到的抑郁症遗传力数值，在此 h_{SNP}^2 估计值为 0. 1567（标准误差为 0. 0303），具体如下。

Total Observed scale h2：0. 1567（0. 0303）

15.6 利用连锁不平衡分数回归计算遗传相关性

计算遗传相关性涉及两个表型性状，在本节中我们以收入（Hill 等，2019）和身高（Wood 等，2014）为例进行计算。下载收入 GWAS 汇总数据（下载地址为 http：//ftp. ebi. ac. uk/pub/databases/gwas/summary_statistics/GCST009001 – GCST010000/GCST009523/HillWD _ 31844048 _ household _

Income. txt. gz）和身高 GWAS 汇总数据（下载地址为 http：//www. broadin-stitute. org/collaboration/giant/images/0/01/GIANT_HEIGHT_Wood_et_al_2014_ publicrelease_HapMapCeuFreq. txt. gz）后，解压存放在 ldsc 目录下。

首先需要对收入和身高的 GWAS 汇总数据进行清理，输入：

```
./munge_sumstats. py \
    --sumstats Household_Income_UKBiobank. txt \
    --N 112151 \
    --chunksize 500000 \
    --out income \
    --merge-alleles w_hm3. snplist
./munge_sumstats. py \
    --sumstats GIANT_HEIGHT_Wood_et_al_2014_publicrelease_HapMapCeuFreq. txt \
    --N 253288 \
    --chunksize 500000 \
    --out height \
    --merge-alleles w_hm3. snplist
```

新生成的 income. sumstats. gz 和 height. sumstats. gz 文件为清理后的数据。接下来我们可再次利用连锁不平衡分数回归来计算二者的遗传相关性，所用到的语句为--rg，输入：

```
./ldsc. py \
    --rg income. sumstats. gz，height. sumstats. gz \
    --ref-ld-chr eur_w_ld_chr/ \
    --w-ld-chr eur_w_ld_chr/ \
    --out income_height_rg
```

如图 15-8 所示。

图 15-8　利用 LDSC 计算遗传相关性

LD Score 回归结果显示，收入的遗传力为 0.1887（Heritability of phe-notype 1），身高的遗传力为 0.3425（Heritability of phenotype 2），与文献一致。运行结果的结尾部分即为计算得到的遗传相关性数值（Genetic Correlation），在此估计值为 0.1835（标准误差为 0.0217），p 值较小，说明收入与身高具有显著的遗传相关性（遗传相关性统计检验 H_0：二者无遗传相关性），具体如下。

Genetic Correlation

— — — — — — — — — — — — — — — —

Genetic Correlation：0.1835（0.0217）

Z-score：8.4587

P：2.7046e-17

附录

英国生物银行（UK Biobank）数据申请流程

A.1 UKB 数据简介

生物银行（Biobank）特指通过标准化流程，收集并长期储存人体生物样本（如血液和 DNA）及样本采集对象生理、病理、社会经济等信息的资源库，本质上是一种大样本的人群前瞻性队列研究。英国生物银行（UK Biobank，UKB）作为目前世界上最为知名和开放的生物银行，自 2006 年建立以来已收集了英国各地 50 万名参与者的血液、尿液和唾液样本，以及完善的人口学、社会经济、生活方式和健康信息。根据 2022 年 6 月召开的 UKB 年会上公布的最新信息，使用 UKB 数据的中国研究者数量已位居全球第三，仅次于英国和美国的研究人员数量。

UKB 数据库样本量超大、变量丰富、数据质量高，有望成为遗传经济学研究一座待挖掘的"宝藏"。因此本书在这里介绍 UKB 数据的申请流程，供感兴趣的读者参考。

UKB 数据的申请流程主要分为两大步骤：首先需申请研究人员账号，获批后再依托研究课题申请

图 1 UKB 数据库变量一览

数据使用权限。UKB 数据库目前所包含的变量数超过 8000 个，并且还在持续增加中。具体变量情况介绍可以在网站 https://biobank.ndph.ox.ac.uk/showcase/browse.cgi/ 查询。

A.2 UKB 研究人员账号申请

在 UKB 官网（https：//www.ukbiobank.ac.uk/）点击上部的"Researcher log in"，再点击链接中的"Sign up to access UK Biobank resources"，输入相关信息，完成后会收到账号激活的邮件。注意，收到激活邮件后仍需要进一步填写研究人员相关信息、所使用的大学或机构邮箱地址、论文发表记录等，完成后会进入"Under review"阶段，由 UKB 工作人员进行审核，时间大致在 2 周左右，请耐心等待（见图 2）。

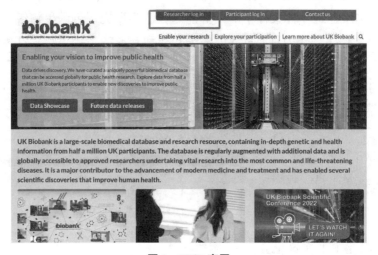

图 2　UKB 官网

A.3 提交 UKB 课题研究计划并申请数据使用权限

账号申请成功后可进一步依托研究课题申请 UKB 数据的使用权限。这需要申请人事先准备好待研究课题的计划或方案书（Proposal）。登录 AMS 系统后，先点击"Applications"，再点击"Start New Application"，根据网站要求填写研究计划。

如果对研究计划的撰写不熟悉，笔者建议在 UKB 的"Approved Research"专栏学习其他研究者所撰写的研究计划（https：//www. ukbiobank. ac. uk/enable-your-research/approved-research/）。"Approved Research"专栏有所有 UKB 已批准项目的简介（Lay Summary），非常值得研究人员在申请阶段参考。申请提交后，UKB 的工作人员会对 Proposal 进行审核，时间需要 6—8 周（见图 3）。

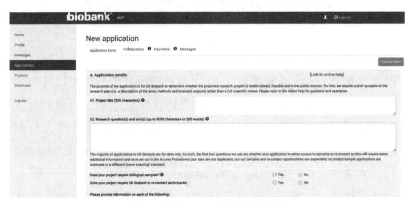

图 3　填写 UKB 课题研究计划

A. 4　后续工作

研究计划获批后，UKB 的工作人员会以电子邮件通知。申请人需要根据要求填写数据使用协议并支付数据使用费。目前 UKB 数据使用费分为三档，分别是 3000 英镑、6000 英镑、9000 英镑，使用时限正常为 3 年。第一档只包含问卷数据和基本的健康数据；第二档包含基础的基因数据；第三档包含额外的 WGS/WES/Imaging 数据。但即使是第二档数据，也有近50 万人样本的 Imputation 基因数据，质量上乘。对于在读研究生，UKB 有时还有减免数据使用费的优惠活动，感兴趣的读者可关注 UKB 官网（见图 4）。

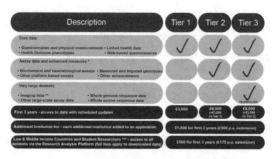

图 4　UKB 数据使用费（2021 年版）

　　以上步骤全部完成通常需要 2—4 个月的时间，之后就可以开启项目研究阶段。UKB 目前与 AMS 和 DNAnexus 合作，建立了基因数据云计算平台（Research Analysis Platform，RAP），所有项目申请获批的研究人员都可使用，但需支付额外的云计算和云数据存储费用。DNAnexus 成立于 2009 年，由斯坦福大学 Serafim Batzoglou、Arend Sidow，以及计算机科学家 Andreas Sundquist 共同创立，是一家服务于 DNA 的云计算解决方案，提供 DNA 数据存储、共享、分析、管理等服务的平台。虽然费用不低，但对于动辄几百 GB 的基因数据而言，这将是未来大型生物银行运作和发展的必然方向（见图 5）。

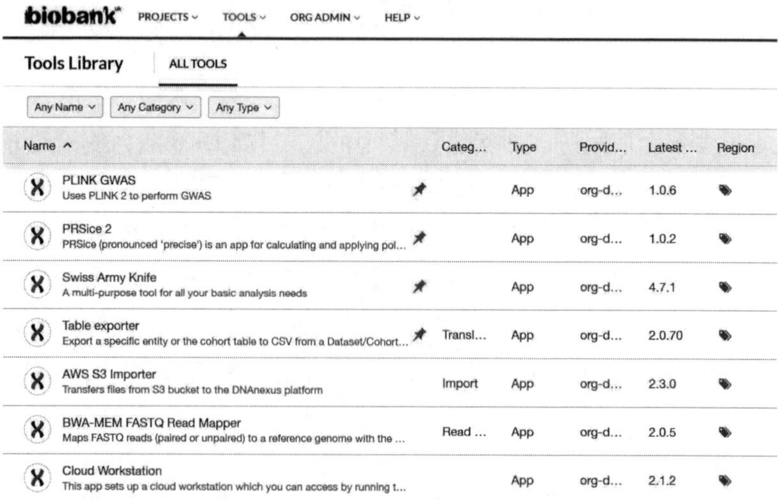

图 5　UKB 云计算平台

参考文献

[1] 蔡昉："理解中国经济发展的过去，现在和将来——基于一个贯通的增长理论框架"，载《经济研究》2013 年第 11 期。

[2] 高文书："健康人力资本投资、身高与工资报酬——对 12 城市住户调查数据的实证研究"，载《中国人口科学》2009 年第 3 期。

[3] 高雪、王慧、王彤："孟德尔随机化中多效性偏倚校正方法简介"，载《中华流行病学杂志》2019 年第 3 期。

[4] 郭继强、费舒澜、林平："越漂亮，收入越高吗？——兼论相貌与收入的'高跟鞋曲线'"，载《经济学（季刊）》2016 年第 4 期。

[5] 黄敏聪："注册报告制对科技期刊论文发表的变革性影响分析"，载《编辑学报》2020 年第 2 期。

[6] 江求川、张克中："中国劳动力市场中的'美貌经济学'：身材重要吗？"，载《经济学（季刊）》2013 年第 2 期

[7] 刘国恩、William H. Dow.、傅正泓、John Akin："中国的健康人力资本与收入增长"，载《经济学（季刊）》2004 年第 4 期。

[8] 潘杰、秦雪征、刘国恩："体形对城市劳动力就业的影响"，载《南开经济研究》2011 年第 2 期。

[9] 平立岩："从豌豆、果蝇、细菌到人类：遗传学史略"，八方文化创作室 2009 年版。

[10] 孙志军："基于双胞胎数据的教育收益率估计"，载《经济学（季刊）》2014 年第 2 期。

[11] 王恬怡，等："古 DNA 捕获新技术与中国南方早期人群遗传研究新格局"，载《人类学学报》2020 年第 4 期。

[12] 王子贤、赖伟华、钟诗龙："两样本孟德尔随机化方法分析血液代谢物与冠心病的因果关系"，载《南方医科大学学报》2021 年第 2 期。

[13] 温忠麟、叶宝娟："中介效应分析：方法和模型发展"，载《心理科学进展》

2014 年第 5 期。

[14] 徐晨："神经经济学的兴起及其对经济学发展的贡献"，载《经济评论》2007 年第 2 期。

[15] 叶航、汪丁丁、贾拥民："科学与实证——一个基于'神经元经济学'的综述"，载《经济研究》2007 年第 1 期。

[16] 尹志超、甘犁："香烟，美酒和收入"，载《经济研究》2010 年第 10 期。

[17] 张车伟："营养，健康与效率——来自中国贫困农村的证据"，载《经济研究》2003 年第 1 期。

[18] 张明、付巧妹："史前古人类之间的基因交流及对当今现代人的影响"，载《人类学学报》2018 年第 2 期。

[19] 赵宇慧，等："生物信息学分析方法 I：全基因组关联分析概述"，载《植物学报》2020 年第 6 期。

[20] 朱晨，等："遗传经济学：理论、方法及其在经济学研究中的应用"，载《经济评论》2021 年第 2 期。

[21] Aidoo, Michael, et al. " Protective effects of the sickle cell gene against malaria morbidity and mortality. " The Lancet 359. 9314 (2002)：1311-1312.

[22] Andersson, Malte, and Yoh Iwasa. " Sexual selection. " Trends in ecology & evolution 11. 2 (1996)：53-58.

[23] Angrist, Joshua D. , and Alan B. Krueger. " Split-sample instrumental variables estimates of the return to schooling. " Journal of Business & Economic Statistics 13. 2 (1995)：225-235.

[24] Angrist, Joshua D. , and Alan B. Krueger. " The effect of age at school entry on educational attainment：an application of instrumental variables with moments from two samples. " Journal of the American statistical Association 87. 418 (1992)：328-336.

[25] Ashenfelter, Orley, and Alan Krueger. " Estimates of the economic return to schooling from a new sample of twins. " The American economic review (1994)：1157-1173.

[26] Ashraf, Quamrul, and Oded Galor. "The′Out of Africa′hypothesis, human genetic diversity, and comparative economic development. " American Economic Review 103. 1 (2013)：1-46.

[27] Averett, Susan, and Sanders Korenman. " The economic reality of The Beauty Myth. " The Journal of Human Resources 31. 2 (1996)：304.

[28] Badano, Jose L. , and Nicholas Katsanis. " Beyond Mendel：an evolving view of human

genetic disease transmission. " Nature Reviews Genetics 3. 10 (2002): 779-789.

[29] Barban, Nicola, et al. "Genome-wide analysis identifies 12 loci influencing human reproductive behavior. " Nature genetics 48. 12 (2016): 1462-1472.

[30] Barnea, Amir, Henrik Cronqvist, and Stephan Siegel. "Nature or nurture: What determines investor behavior? . " Journal of Financial Economics 98. 3 (2010): 583-604.

[31] Barth, Daniel, Nicholas W. Papageorge, and Kevin Thom. "Genetic endowments and wealth inequality. " Journal of Political Economy 128. 4 (2020): 1474-1522.

[32] Baten, Joerg. "Protein supply and nutritional status in nineteenth century Bavaria, Prussia and France. " Economics & Human Biology 7. 2 (2009): 165-180.

[33] Baten, Jörg, and John E. Murray. "Heights of men and women in 19th-century Bavaria: economic, nutritional, and disease influences. " Explorations in Economic History 37. 4 (2000): 351-369.

[34] Bates, Gillian P. , et al. "Huntington disease. " Nature Reviews Disease Primers 1. 1 (2015): 1-21.

[35] Bateson, William, and Gregor Mendel. "Mendel's principles of heredity. " Courier Corporation, 2013.

[36] Baum, Charles L. , and William F. Ford. "The wage effects of obesity: a longitudinal study. " Health Economics 13. 9 (2004): 885-899.

[37] Beard, Alison, and Daniel Belsky. "Your Success Is Shaped by Your Genes. " Harvard Business Review 95. 1 (2017): 34-35.

[38] Beauchamp, Jonathan P. "Genetic evidence for natural selection in humans in the contemporary United States. " Proceedings of the National Academy of Sciences 113. 28 (2016): 7774-7779.

[39] Beauchamp, Jonathan P. , et al. "Molecular genetics and economics. " Journal of Economic Perspectives 25. 4 (2011): 57-82.

[40] Becker, Gary S. "Human capital. " University of Chicago press, 1964.

[41] Becker, Kevin G. "The common variants/multiple disease hypothesis of common complex genetic disorders. " Medical Hypotheses 62. 2 (2004): 309-317.

[42] Behrman, Jere, and Mark R. Rosenzweig. "The returns to increasing body weight. " Available at SSRN 297919 (2001).

[43] Belgard, T. Grant, et al. "Population structure confounds autism genetic classifier. " Molecular Psychiatry 19. 4 (2014): 405-407.

［44］ Beller, Andrea, et al. "Beauty and the labor market. " The American Economic Review 84. 5（1994）: 1174-1194.

［45］ Belsky, Daniel W. , et al. "Genetic analysis of social-class mobility in five longitudinal studies. " Proceedings of the National Academy of Sciences 115. 31（2018）: E7275-E7284.

［46］ Benjamin, Daniel J. , et al. "Genoeconomics. " Biosocial surveys. National Academies Press（US）, 2007.

［47］ Benjamin, Daniel J. , et al. "The promises and pitfalls of genoeconomics. " Annual Review of Economics 4（2012）: 627.

［48］ Bergey, Christina M. , et al. "Polygenic adaptation and convergent evolution on growth and cardiac genetic pathways in African and Asian rainforest hunter-gatherers. " Proceedings of the National Academy of Sciences 115. 48（2018）: E11256-E11263.

［49］ Bikard, David, et al. "Divergent evolution of duplicate genes leads to genetic incompatibilities within A. thaliana. " Science 323. 5914（2009）: 623-626.

［50］ Bittles, Alan H. " Endogamy, consanguinity and community genetics. " Journal of genetics 81. 3（2002）: 91-98.

［51］ Bloom, Joshua S. , et al. "Finding the sources of missing heritability ina yeast cross. " Nature 494. 7436（2013）: 234-237.

［52］ Böckerman, Petri, and Jari Vainiomäki. "Stature and life-time labor market outcomes: Accounting for unobserved differences. " Labour Economics 24（2013）: 86-96.

［53］ Böckerman, Petri, Ari Hyytinen, and Terhi Maczulskij. "Alcohol consumption and long-term labor market outcomes. " Health Economics 26. 3（2017）: 275-291.

［54］ Böckerman, Petri, et al. "Stature and long-term labor market outcomes: evidence using Mendelian randomization. " Economics & Human Biology 24（2017）: 18-29.

［55］ Böckerman, Petri, et al. "The effect of weight on labor market outcomes: An application of genetic instrumental variables. " Health Economics 28. 1（2019）: 65-77.

［56］ Böckerman, Petri, et al. "The relationship between physical work and the height premium: Finnish evidence. " Economics & Human Biology 8. 3（2010）: 414-420.

［57］ Bond, Tom A. , et al. "Exploring the role of genetic confounding in the association between maternal and offspring body mass index: evidence from three birth cohorts. " International Journal of Epidemiology 49. 1（2020）: 233-243.

［58］ Bowden, Jack, George Davey Smith, and Stephen Burgess. "Mendelian randomization with invalid instruments: effect estimation and bias detection through Egger regression. "

International Journal of Epidemiology 44. 2 (2015): 512-525.

[59] Boyle, Evan A. , Yang I. Li, and Jonathan K. Pritchard. "An expanded view of complex traits: from polygenic to omnigenic. " Cell 169. 7 (2017): 1177-1186.

[60] Brumpton, Ben, et al. "Avoiding dynastic, assortative mating, and population stratification biases in Mendelian randomization through within-family analyses. " Nature Communications 11. 1 (2020): 1-13.

[61] Brunello, Giorgio, and Béatrice d' Hombres. "Does body weight affect wages?: Evidence from Europe. " Economics & Human Biology 5. 1 (2007): 1-19.

[62] Bulik-Sullivan, Brendan K. , et al. "LD Score regression distinguishes confounding from polygenicity in genome-wide association studies. " Nature Genetics 47. 3 (2015a): 291-295.

[63] Bulik-Sullivan, Brendan, et al. "An atlas of genetic correlations across human diseases and traits. " Nature Genetics 47. 11 (2015b): 1236-1241.

[64] Burgess, Stephen, Adam Butterworth, and Simon G. Thompson. "Mendelian randomization analysis with multiple Genetic variants using summarized data. " Genetic Epidemiology 37. 7 (2013): 658-665.

[65] Burgess, Stephen, and Simon G. Thompson. "Multivariable Mendelian randomization: the use of pleiotropic genetic variants to estimate causal effects. " American Journal of Epidemiology 181. 4 (2015): 251-260.

[66] Cai, Fang, and Wang Dewen. "Impacts of internal migration on economic growth and urban development in China. " In: DeWind, Josh, Holdaway, Jennifer (Eds.), Migration and Development Within and Across Borders: Research and Policy Perspectives on Internal and International Migration. International Organization for Migration and the Social Science Research Council, New York, pp. 245-272. 2008.

[67] Callaway, Ewen. "Economics and genetics meet in uneasy union. " Nature 490. 7419 (2012): 154-155.

[68] Campbell, Bernard Grant, ed. Sexual selection and the descent of man, 1871-1971. Chicago, IL: Aldine Publishing Company, 1972.

[69] Card, David. "Using geographic variation in college proximity to estimate the return to schooling. " NBER Working Poper (1993).

[70] Carey, Nessa. The epigenetics revolution: How modern biology is rewriting our understanding of genetics, disease, and inheritance. Columbia University Press, 2012.

［71］ Case, Anne, and Christina Paxson. "Stature and status: Height, ability, and labor market outcomes. " Journal of Political Economy 116. 3 (2008) : 499–532.

［72］ Cavalli–Sforza, Luigi Luca, et al. The history and geography of human genes. Princeton University Press, 1994.

［73］ Cawley, John. "An economy of scales: A selective review of obesity's economic causes, consequences, and solutions. " Journal of Health Economics 43 (2015) : 244–268.

［74］ Cawley, John. "The impact of obesity on wages. " Journal of Human Resources 39. 2 (2004) : 451–474.

［75］ Cesarini, David, et al. "Genetic variation in financial decision - making. " The Journal of Finance 65. 5 (2010) : 1725–1754.

［76］ Cesarini, David, et al. "Genetic variation in preferences for giving and risk taking. " The Quarterly Journal of Economics 124. 2 (2009) : 809–842.

［77］ Cesarini, David, et al. "Heritability of overconfidence. " Journal of the European Economic Association 7. 2–3 (2009) : 617–627.

［78］ Chang, Christopher C. , et al. "Second–generation PLINK: rising to the challenge of larger and richer datasets. " Gigascience 4. 1 (2015) : s13742–015.

［79］ Chang, Joseph T. "Recent common ancestors of all present–day individuals. " Advances in Applied Probability 31. 4 (1999) : 1002–1026.

［80］ Chen, Fahu, et al. "A late middle Pleistocene Denisovan mandible from the Tibetan Plateau. " Nature 569. 7756 (2019) : 409–412.

［81］ Chen, Jieming, et al. "Genetic structure of the Han Chinese population revealed by genome–wide SNP variation. " The American Journal of Human Genetics 85. 6 (2009) : 775–785.

［82］ Chen, Z. Jeffrey. " Genomic and epigenetic insights into themolecular bases of heterosis. " Nature Reviews Genetics 14. 7 (2013) : 471–482.

［83］ Cheng, Yang, Hairong Li, and Linsheng Yang. "Temporal–spatial distribution of epidemics in Ming and Qing Dynasties (1368 – 1911 AD) in China. " Geographical Research 4 (2009) : 1059–1068.

［84］ Chesmore, Kevin, Jacquelaine Bartlett, and Scott M. Williams. "The ubiquity of pleiotropy in human disease. " Human Genetics 137. 1 (2018) : 39–44.

［85］ Choi, Shing Wan, and Paul F. O'Reilly. "PRSice-2: Polygenic Risk Score software for biobank–scale data. " Gigascience 8. 7 (2019) : giz082.

[86] Choi, Shing Wan, Timothy Shin-Heng Mak, and Paul F. O'Reilly. "Tutorial: a guide to performing polygenic risk score analyses. " Nature Protocols 15. 9 (2020): 2759-2772.

[87] Chu, J. Y. , et al. "Genetic relationship of populations in China. " Proceedings of the National Academy of Sciences 95. 20 (1998): 11763-11768.

[88] Cinnirella, Francesco, and Joachim Winter. "Size matters! Body height and labor market discrimination: a cross-European analysis. " MEA Discussion Papers 185 (2009).

[89] Cole, Joanne B. , Jose C. Florez, and Joel N. Hirschhorn. "Comprehensive genomic a-nalysis of dietary habits in UK Biobank identifies hundreds of genetic associations. " Nature Communications 11. 1 (2020): 1-11.

[90] Comings, David E. , and James P. MacMurray. "Molecular heterosis: a review. " Molec-ular Genetics and Metabolism 71. 1-2 (2000): 19-31.

[91] Conley, Timothy G. , Christian B. Hansen, and Peter E. Rossi. "Plausibly exogenous. " Review of Economics and Statistics 94. 1 (2012): 260-272.

[92] Connelly, Rachel, and Zhenzhen Zheng. "Determinants of school enrollment and com-pletion of 10 to 18 year olds in China. " Economics of Education Review 22. 4 (2003): 379-388.

[93] Currie, Janet, and Nancy Cole. "Welfare and child health: The link between AFDC par-ticipation and birth weight. " The American Economic Review 83. 4 (1993): 971-985.

[94] Currie, Thomas E. , et al. "Duration of agriculture and distance from the steppe predict the evolution of large-scale human societies in Afro-Eurasia. " Humanities and Social Sciences Communications 7. 1 (2020): 1-8.

[95] Davey Smith, George, and Shah Ebrahim. "'Mendelian randomization': can genetic epi-demiology contribute to understanding environmental determinants of disease? . " Inter-national Journal of Epidemiology 32. 1 (2003): 1-22.

[96] Davidson, Joanna. " "We work hard": customary imperatives of theDiola work regime in the context of environmental and economic change. " African Studies Review 52. 2 (2009): 119-141.

[97] Davies, Neil M. , et al. "Within family Mendelian randomization studies. " Human Mo-lecular Genetics 28. R2 (2019): R170-R179.

[98] Daviet, Remi, Gideon Nave, and Jerry Wind. " Genetic data: Potential uses and

misuses in marketing. " Journal of Marketing 86. 1 (2022): 7-26.

[99] Deary, Ian J. , et al. "Intelligence and educational achievement. " Intelligence 35. 1 (2007): 13-21.

[100] Demange, Perline A. , et al. "Investigating the genetic architecture of noncognitive skills using GWAS-by-subtraction. " Nature Genetics 53. 1 (2021): 35-44.

[101] Deschamps, Matthieu, et al. "Genomic signatures of selective pressures and introgression from archaic hominins at human innate immunity genes. " The American Journal of Human Genetics 98. 1 (2016): 5-21.

[102] Devlin, B. , and Neil Risch. "A comparison of linkage disequilibrium measures for fine-scale mapping. " Genomics 29. 2 (1995): 311-322.

[103] Dincecco, Mark, and Yuhua Wang. "Violent conflict and political development over the long run: China versus Europe. " Annual Review of Political Science 21 (2017).

[104] Ding, Weili, et al. "The impact of poor health on academic performance: New evidence using genetic markers. " Journal of Health Economics 28. 3 (2009): 578-597.

[105] Du, Ruofu, Chunjie Xiao, and L. L. Cavalli-Sforza. "Genetic distances between Chinese populations calculated on gene frequencies of 38 loci. " Science in China Series C: Life Sciences 40. 6 (1997): 613-621.

[106] Dudbridge, Frank. "Power and predictive accuracy of polygenic risk scores. " PLoS Genetics 9. 3 (2013): e1003348.

[107] Duncan, Laramie, et al. "Analysis of polygenic risk score usage and performance in diverse human populations. " Nature Communications 10. 1 (2019): 1-9.

[108] Eisenberg, Dan TA, et al. "Examining impulsivity as an endophenotype using a behavioral approach: a DRD2 TaqI A and DRD4 48-bp VNTR association study. " Behavioral and Brain Functions 3. 1 (2007): 1-14.

[109] Elks, Cathy E. , et al. "Variability in the heritability of body mass index: a systematic review and meta-regression. " Frontiers in Endocrinology 3 (2012): 29.

[110] Elliott, Maxwell L. , et al. "A polygenic score for higher educational attainment is associated with larger brains. " Cerebral Cortex 29. 8 (2019): 3496-3504.

[111] Emmrich, Peter Martin Ferdinand, Hannah Elizabeth Roberts, and Vera Pancaldi. "A Boolean gene regulatory model of heterosis and speciation. " BMC Evolutionary Biology 15. 1 (2015): 1-15.

[112] Eriksson, Nicholas, et al. "A genetic variant near olfactory receptor genes influences cilantro preference. " Flavour 1. 1 (2012): 1–7.

[113] Euesden, Jack, Cathryn M. Lewis, and Paul F. O'reilly. "PRSice: polygenic risk score software. " Bioinformatics 31. 9 (2015): 1466–1468.

[114] Feng, Weiwei, et al. "The impact of problem drinking on employment. " Health Economics 10. 6 (2001): 509–521.

[115] Field, Yair, et al. "Detection of human adaptation during the past 2000 years. " Science 354. 6313 (2016): 760–764.

[116] Fisher, Ronald Aylmer. "The correlation between relatives on the supposition of Mendelian inheritance. " Transactions of the Royal Society of Edinburgh 52 (1918): 399–433.

[117] Franchini, Massimo, and Giancarlo Maria Liumbruno. "ABO blood group: old dogma, new perspectives. " Clinical Chemistry and Laboratory Medicine (CCLM) 51. 8 (2013): 1545–1553.

[118] French, Michael T. , and Gary A. Zarkin. "Is moderate alcohol use related to wages? Evidence from four worksites. " Journal of Health Economics 14. 3 (1995): 319–344.

[119] Friedman, Milton. Essays in positive economics. University of Chicago press, 1953.

[120] Fu, Qiaomei, et al. "An early modern human from Romania with a recent Neanderthal ancestor. " Nature 524. 7564 (2015): 216–219.

[121] Gangstead, S. W. , and R. Thornhill. "Individual differences in developmental precision and fluctuating asymmetry: a model and its implication. " Journal of Evolutionary Biology 12 (1999): 402–416.

[122] Gibson, Greg. "Rare and common variants: twenty arguments. " Nature Reviews Genetics 13. 2 (2012): 135–145.

[123] Gilbert, Walter, and Manuel Glynias. "On the ancient nature of introns. " Gene 135. 1 –2 (1993): 137–144.

[124] Gortmaker, Steven L. , et al. "Social and economic consequences of overweight in adolescence and young adulthood. " New England Journal of Medicine 329. 14 (1993): 1008–1012.

[125] Gray, Richard, and Keith Wheatley. "How to avoid bias when comparing bone marrow transplantation with chemotherapy. " Bone Marrow Transplantation 7 (1991): 9–12.

[126] Green, Richard E. , et al. "A draft sequence of the Neandertal genome. " Science 328. 5979 (2010): 710–722.

[127] Grossman, Michael. " 1. On the Concept of Health Capital and the Demand for Health. " Determinants of Health. Columbia University Press, 2017. 6-41.

[128] Guimaraes, Paulo, and Pedro Portugal. "A simple feasible procedure to fit models with high-dimensional fixed effects. " The Stata Journal 10. 4 (2010): 628-649.

[129] Guo, Guang, et al. "Genomic assortative mating in marriages in the United States. " PLoS One 9. 11 (2014): e112322.

[130] Hackinger, Sophie, and Eleftheria Zeggini. "Statistical methods to detect pleiotropy in human complex traits. " Open Biology 7. 11 (2017): 170125.

[131] Hamermesh, Daniel S. "Beauty pays. " Princeton University Press, 2011.

[132] Hamilton, Vivian, and Barton H. Hamilton. "Alcohol and earnings: does drinking yield a wage premium?" Canadian Journal of Economics (1997): 135-151.

[133] Hartl, Daniel L. , and Vitezslav Orel. "What did Gregor Mendel think he discovered?" Genetics 131. 2 (1992): 245.

[134] Hartwell, Leland H. , et al. "Genetics: from genes to genomes. "McGraw-Hill, 2011.

[135] Hayes, Andrew F. "Beyond Baron and Kenny: Statistical mediation analysis in the new millennium. " Communication Monographs 76. 4 (2009): 408-420.

[136] Heckman, James J. , Jora Stixrud, and Sergio Urzua. " The effects of cognitive and noncognitive abilities on labor market outcomes and social behavior. " Journal of Labor Economics 24. 3 (2006): 411-482.

[137] Heijmans, Bastiaan T. , et al. " Persistent epigenetic differences associated with prenatal exposure to famine in humans. " Proceedings of the National Academy of Sciences 105. 44 (2008): 17046-17049.

[138] Hemani, Gibran, Jack Bowden, and George Davey Smith. " Evaluating the potential role of pleiotropy in Mendelian randomization studies. " Human Molecular Genetics 27. R2 (2018): R195-R208.

[139] Hemani, Gibran, Kate Tilling, and George Davey Smith. "Orienting the causal relationship between imprecisely measured traits using GWAS summary data. " PLoS Genetics 13. 11 (2017): e1007081.

[140] Hill, W. David, et al. "Genome-wide analysis identifies molecular systems and 149 genetic loci associated with income. " Nature Communications 10. 1 (2019): 1-16.

[141] Hill, W. G. , and Alan Robertson. " Linkage disequilibrium in finite populations. " Theoretical and Applied Genetics 38. 6 (1968): 226-231.

［142］ Hingorani, Aroon, and Steve Humphries. " Nature's randomised trials. " The Lancet 366. 9501 (2005): 1906-1908.

［143］ Hirschhorn, Joel N. , and Mark J. Daly. " Genome-wide association studies for common diseases and complex traits. " Nature Reviews Genetics 6. 2 (2005): 95-108.

［144］ Ikegawa, Shiro. "A short history of the genome-wide association study: where we were and where we are going. " Genomics & Informatics10. 4 (2012): 220.

［145］ Ilardo, Melissa A. , et al. "Physiological and genetic adaptations to diving in sea nomads. " Cell 173. 3 (2018): 569-580.

［146］ Inoue, Atsushi, and Gary Solon. "Two-sample instrumental variables estimators. " The Review of Economics and Statistics 92. 3 (2010): 557-561.

［147］ Janssens, A. Cecile JW, et al. "The impact of genotype frequencies on the clinical validity of genomic profiling for predicting common chronic diseases. " Genetics in Medicine 9. 8 (2007): 528-535.

［148］ Ji, Li-Jun, Zhiyong Zhang, and Richard E. Nisbett. "Is it culture or is it language? Examination of language effects in cross-cultural research on categorization. " Journal of Personality and Social Psychology 87. 1 (2004): 57.

［149］ Joniak-Lüthi, Agnieszka. "Han migration to Xinjiang Uyghur Autonomous Region: between state schemes and migrants' strategies. " Zeitschrift für Ethnologie (2013): 155-174.

［150］ Jordan, Daniel M. , Marie Verbanck, and Ron Do. " HOPS: a quantitative score reveals pervasive horizontal pleiotropy in human genetic variation is driven by extreme polygenicity of human traits and diseases. " Genome Biology 20. 1 (2019): 1-18.

［151］ Jorde, Lynn B. , and Stephen P. Wooding. "Genetic variation, classification and ' race'. " Nature Genetics 36. 11 (2004): S28-S33.

［152］ Kang, Jonathan TL, and Noah A. Rosenberg. "Mathematical properties of linkage disequilibrium statistics defined by normalization of the coefficient d= pab-papb. " Human Heredity 84. 3 (2019): 127-143.

［153］ Katan, MartijnB. " Apoupoprotein E isoforms, serum cholesterol, and cancer. " The Lancet 327. 8479 (1986): 507-508.

［154］ Keller, Lukas F. , and Donald M. Waller. "Inbreeding effects in wild populations. " Trends in Ecology & Evolution 17. 5 (2002): 230-241.

［155］ Khera, Amit V. , et al. "Genome-wide polygenic scores for common diseases identify individuals with risk equivalent to monogenic mutations. " Nature Genetics 50. 9

(2018): 1219-1224.

[156] Kitts, Adrienne, and Stephen Sherry. "The single nucleotide polymorphism database (dbSNP) of nucleotide sequence variation. " The NCBI Handbook. McEntyre J, Ostell J, eds. Bethesda, MD: US national center for biotechnology information (2002).

[157] Klein, Robert J. , et al. "Complement factor H polymorphism in age-related macular degeneration. " Science 308. 5720 (2005): 385-389.

[158] Knight, John, and Li Shi. "Educational attainment and the rural - urban divide in China. " Oxford Bulletin of Economics and Statistics 58. 1 (1996): 83-117.

[159] Kogan, Aleksandr, et al. "Thin-slicing study of the oxytocin receptor (OXTR) gene and the evaluation and expression of the prosocial disposition. " Proceedings of the National Academy of Sciences 108. 48 (2011): 19189-19192.

[160] Kong, Augustine, et al. "Selection against variants in the genome associated with educational attainment. " Proceedings of the National Academy of Sciences 114. 5 (2017): E727-E732.

[161] Kozieł, Sławomir, Dariusz P. Danel, and Monika Zaręba. " Isolation by distance between spouses and its effect on children's growth in height. " American Journal of Physical Anthropology 146. 1 (2011): 14-19.

[162] Krebs, Jocelyn E. , Elliott S. Goldstein, and Stephen T. Kilpatrick. " Lewin's genes XII. "Jones & Bartlett Learning, 2017.

[163] Krishna Kumar, Siddharth, et al. "Limitations of GCTA as a solution to the missing heritability problem. " Proceedings of the National Academy of Sciences 113. 1 (2016): E61-E70.

[164] Landini, Arianna, et al. " Genomic adaptations to cereal - based diets contribute to mitigate metabolic risk in some human populations of East Asian ancestry. " Evolutionary Applications 14. 2 (2021): 297-313.

[165] Lango Allen, Hana, et al. "Hundreds of variants clustered in genomic loci and biological pathways affect human height. " Nature 467. 7317 (2010): 832-838.

[166] Ledford, Heidi, 2011. " Paper on genetics of longevity retracted. " https://doi. org/ 10. 1038/news. 2011. 429.

[167] Lee, James J. , et al. " Gene discovery and polygenic prediction from a 1. 1-million-person GWAS of educational attainment. " Nature Genetics 50. 8 (2018): 1112.

[168] Lee, James J. , et al. "The accuracy of LD Score regression as an estimator of confoun-

ding and genetic correlations in genome - wide association studies. " Genetic Epidemiology 42. 8 (2018): 783-795.

[169] Levey, Daniel F. , et al. "Bi-ancestral depression GWAS in the Million Veteran Program and meta - analysis in > 1. 2 million individuals highlight new therapeutic directions. " Nature Neuroscience 24. 7 (2021): 954-963.

[170] Lewis, Cathryn M. , and Evangelos Vassos. "Polygenic risk scores: from research tools to clinical instruments. " Genome Medicine 12. 1 (2020): 1-11.

[171] Lewis, Michael B. "Why are mixed-race people perceived as more attractive?" Perception 39. 1 (2010): 136-138.

[172] Li, Hongbin, et al. "Economic returns to communist party membership: Evidence from urban Chinese twins. " The Economic Journal 117. 523 (2007): 1504-1520.

[173] Li, Hongbin, Junsen Zhang, and Yi Zhu. "The quantity-quality trade-off of children in a developing country: Identification using Chinese twins. " Demography 45. 1 (2008): 223-243.

[174] Li, Hongbin, Mark Rosenzweig, and Junsen Zhang. "Altruism, favoritism, and guilt in the allocation of family resources: Sophie's choice in Mao's mass send-down movement. " Journal of Political Economy 118. 1 (2010): 1-38.

[175] Liang, Zai. "The age of migration in China. " Population and Development Review 27. 3 (2001): 499-524.

[176] Linnér, Richard Karlsson, et al. "Genome-wide association analyses of risk tolerance and risky behaviors in over 1 million individuals identify hundreds of loci and shared genetic influences. " Nature Genetics 51. 2 (2019): 245-257.

[177] Lippman, Zachary B. , and Dani Zamir. "Heterosis: revisiting the magic. " Trends in Genetics 23. 2 (2007): 60-66.

[178] Liu, Jimmy Z. , and Carl A. Anderson. "Genetic studies of Crohn's disease: past, present and future. " Best Practice & Research Clinical Gastroenterology 28. 3 (2014): 373-386.

[179] Liu, Xiaoou, and Chen Zhu. "Will knowing diabetes affect labor income? Evidence from a natural experiment. " Economics Letters 124. 1 (2014): 74-78.

[180] Maas, Ineke, and Richard L. Zijdeman. "Beyond the local marriage market: The influence of modernization on geographical heterogamy. " Demographic Research 23 (2010): 933-962.

［181］ MacDonald, Ziggy, and Michael A. Shields. " Does problem drinking affect employment? Evidence from England. " Health Economics 13. 2 (2004) : 139-155.

［182］ Machiela, Mitchell J. , and Stephen J. Chanock. "LDlink: a web-based application for exploring population-specific haplotype structure and linking correlated alleles of possible functional variants. " Bioinformatics 31. 21 (2015) : 3555-3557.

［183］ Major Depressive Disorder Working Group of the Psychiatric GWAS Consortium. " A mega-analysis of genome-wide association studies for major depressive disorder. " Molecular Psychiatry 18. 4 (2013).

［184］ Manica, Andrea, Franck Prugnolle, and Francois Balloux. "Geography is a better determinant of human genetic differentiation than ethnicity. " Human Genetics 118. 3 (2005) : 366-371.

［185］ Marcus, Joseph H. , and John Novembre. " Visualizing the geography of genetic variants. " Bioinformatics 33. 4 (2017) : 594-595.

［186］ Marees, Andries T. , et al. "A tutorial on conducting genome - wide association studies: Quality control and statistical analysis. " International Journal of Methods in Psychiatric Research 27. 2 (2018) : e1608.

［187］ Martin, Alicia R. , et al. "Human demographic history impacts genetic risk prediction across diverse populations. " The American Journal of Human Genetics 100. 4 (2017) : 635-649.

［188］ Martincorena, Iñigo, and Peter J. Campbell. "Somatic mutation in cancer and normal cells. " Science 349. 6255 (2015) : 1483-1489.

［189］ Mathieson, Iain, et al. "Genome-wide patterns of selection in 230 ancient Eurasians. " Nature 528. 7583 (2015) : 499-503.

［190］ Mascie-Taylor, CG Nicholas. "Biosocial influences on stature: a review. " Journal of Biosocial Science 23. 1 (1991) : 113-128.

［191］ McArthur, Evonne, David C. Rinker, and John A. Capra. "Quantifying the contribution of Neanderthal introgression to the heritability of complex traits. " Nature Communications 12. 1 (2021) : 1-14.

［192］ McEvoy, Brian P. , and Peter M. Visscher. "Genetics of human height. " Economics & Human Biology 7. 3 (2009) : 294-306.

［193］ Mills, Melinda C. , and Charles Rahal. "A scientometric review of genome-wide association studies. " Communications Biology 2. 1 (2019) : 1-11.

[194] Mills, Melinda C., Nicola Barban, and Felix C. Tropf. An introduction to statistical genetic data analysis. MIT Press, 2020.

[195] Mingroni, Michael A. "Resolving the IQ paradox: heterosis as a cause of the Flynn effect and other trends." Psychological Review 114. 3 (2007): 806.

[196] Mitchell, Brittany L., et al. "Educational attainment polygenic scores are associated with cortical total surface area and regions important for language and memory." Neuroimage 212 (2020): 116691.

[197] Moll, R. H., et al. "The relationship of heterosis and genetic divergence in maize." Genetics 52. 1 (1965): 139.

[198] Moore, Camille M., Sean A. Jacobson, and Tasha E. Fingerlin. "Power and sample size calculations for genetic association studies in the presence of genetic model misspecification." Human Heredity 84. 6 (2019): 256-271.

[199] Morris, Stephen. "Body mass index and occupational attainment." Journal of Health Economics 25. 2 (2006): 347-364.

[200] Mummert, Amanda, et al. "Stature and robusticity during the agricultural transition: evidence from the bioarchaeological record." Economics & Human Biology 9. 3 (2011): 284-301.

[201] Ngok, Kinglun. "The changes of Chinese labor policy and labor legislation in the context of market transition." International Labor and Working-Class History 73. 1 (2008): 45-64.

[202] Nkambule, Lethukuthula L. "gwaRs: an R shiny web application for visualizing genome-wide association studies data." bioRxiv (2020).

[203] Norton, Edward C., and Euna Han. "Genetic information, obesity, and labor market outcomes." Health Economics 17. 9 (2008): 1089-1104.

[204] Okbay, Aysu, et al. "Genetic variants associated with subjective well-being, depressive symptoms, and neuroticism identified through genome-wide analyses." Nature Genetics 48. 6 (2016): 624-633.

[205] Okbay, Aysu, et al. "Genome-wide association study identifies 74 loci associated with educational attainment." Nature 533. 7604 (2016): 539-542.

[206] Okbay, Aysu, et al. "Polygenic prediction of educational attainment within and between families from genome-wide association analyses in 3 million individuals." Nature Genetics 54. 4 (2022): 437-449.

[207] Packard, Alpheus Spring. "Lamarck, the founder of evolution: His life and work." Longmans, Green, and Company, 1901.

[208] Papageorge, Nicholas W., and Kevin Thom. "Genes, education, and labor market outcomes: evidence from the health and retirement study." Journal of the European Economic Association 18. 3 (2020): 1351–1399.

[209] Persico, Nicola, Andrew Postlewaite, and Dan Silverman. "The effect of adolescent experience on labor market outcomes: The case of height." Journal of Political Economy 112. 5 (2004): 1019–1053.

[210] Peterson, Roseann E., et al. "Genome-wide association studies in ancestrally diverse populations: opportunities, methods, pitfalls, and recommendations." Cell 179. 3 (2019): 589–603.

[211] Pingault, Jean-Baptiste, et al. "Using genetic data to strengthen causal inference in observational research." Nature Reviews Genetics 19. 9 (2018): 566–580.

[212] Plug, Erik, and Wim Vijverberg. "Schooling, family background, and adoption: Is it nature or is it nurture?." Journal of Political Economy 111. 3 (2003): 611–641.

[213] Polasek, Ozren. "Investigating the role of human genomewide heterozygosity as a health risk factor." The University of Edinburgh (2009).

[214] Popejoy, Alice B., and Stephanie M. Fullerton. "Genomics is failing on diversity." Nature 538. 7624 (2016): 161–164.

[215] Popkin, Barry M., et al. "Cohort Profile: The China Health and Nutrition Survey—monitoring and understanding socio-economic and health change in China, 1989–2011." International Journal of Epidemiology 39. 6 (2010): 1435–1440.

[216] Pritchard, Jonathan K., and Nancy J. Cox. "The allelic architecture of human disease genes: common disease-common variant⋯ or not?." Human Molecular Genetics 11. 20 (2002): 2417–2423.

[217] Pritchard, Jonathan K., Joseph K. Pickrell, and Graham Coop. "The genetics of human adaptation: hard sweeps, soft sweeps, and polygenic adaptation." Current Biology 20. 4 (2010): R208–R215.

[218] Privé, Florian, Julyan Arbel, and Bjarni J. Vilhjálmsson. "LDpred2: better, faster, stronger." Bioinformatics 36. 22–23 (2020): 5424–5431.

[219] Prokosch, Mark D., Ronald A. Yeo, and Geoffrey F. Miller. "Intelligence tests with higher g-loadings show higher correlations with body symmetry: Evidence for a general

fitness factor mediated by developmental stability. " Intelligence 33. 2 (2005): 203–213.

[220] Purcell, Shaun M. , et al. "Common polygenic variation contributes to risk of schizo-phrenia and bipolar disorder. " Nature 460. 7256 (2009): 748–752.

[221] Purcell, Shaun, et al. "PLINK: a tool set for whole-genome association and population -based linkage analyses. " The American Journal of Human Genetics 81. 3 (2007): 559–575.

[222] Purcell, Shaun, Stacey S. Cherny, and Pak Chung Sham. "Genetic Power Calculator: design of linkage and association genetic mapping studies of complex traits. " Bioinfor-matics 19. 1 (2003): 149–150.

[223] Quaye, Lydia, et al. "A discovery genome-wide association study of entrepreneurship. " International Journal of Developmental Science 6. 3–4 (2012): 127–135.

[224] Rees, Jasmin S. , Sergi Castellano, and Aida M. Andrés. "The genomics of human local adaptation. " Trends in Genetics 36. 6 (2020): 415–428.

[225] Reich, David, et al. "Genetic history of an archaic hominin group from Denisova Cave in Siberia. " Nature 468. 7327 (2010): 1053–1060.

[226] Rhodes, Gillian, et al. "Attractiveness of own-race, other-race, and mixed-race faces. " Perception 34. 3 (2005): 319–340.

[227] Rietveld, Cornelius A. , et al. "Common genetic variants associated with cognitive per-formance identified using the proxy-phenotype method. " Proceedings of the National Academy of Sciences 111. 38 (2014): 13790–13794.

[228] Rietveld, Cornelius A. , et al. "GWAS of 126, 559 individuals identifies genetic vari-ants associated with educational attainment. " Science 340. 6139 (2013): 1467–1471.

[229] Rimfeld, Kaili, et al. "Genetic influence on social outcomes during and after the Soviet era in Estonia. " Nature Human Behaviour 2. 4 (2018): 269–275.

[230] Risch, Neil, and Kathleen Merikangas. "The future of genetic studies of complex human diseases. " Science 273. 5281 (1996): 1516–1517.

[231] Robbins, Lionel. An essay on the nature and significance of economic science. UK: Macmillan, 1932.

[232] Roberts, J. Scott, and Jenny Ostergren. "Direct-to-consumer genetic testing and per-sonal genomics services: a review of recent empirical studies. " Current Genetic Medi-cine Reports 1. 3 (2013): 182–200.

[233] Robinson, Matthew R. , et al. "Genetic evidence of assortative mating in humans. "

Nature Human Behaviour 1. 1 (2017): 1-13.

[234] Rohde, Douglas LT, Steve Olson, and Joseph T. Chang. "Modelling the recent common ancestry of all living humans. " Nature 431. 7008 (2004): 562-566.

[235] Sakharkar, Meena Kishore, Vincent TK Chow, and Pandjassarame Kangueane. "Distributions of exons and introns in the human genome. " In Silico Biology 4. 4 (2004): 387-393.

[236] Sanchez-Roige, Sandra, et al. "Genome-wide association study of delay discounting in 23, 217 adult research participants of European ancestry. " Nature Neuroscience 21. 1 (2018): 16-18.

[237] Sanjak, Jaleal S. , et al. "Evidence of directional and stabilizing selection in contemporary humans. " Proceedings of the National Academy of Sciences 115. 1 (2018): 151-156.

[238] Sargent, James D. , and David G. Blanchflower. "Obesity and stature in adolescence and earnings in young adulthood: analysis of a British birth cohort. " Archives of Pediatrics & Adolescent Medicine 148. 7 (1994): 681-687.

[239] Savage, Jeanne E. , et al. "Genome-wide association meta-analysis in 269, 867 individuals identifies new genetic and functional links to intelligence. " Nature Genetics 50. 7 (2018): 912-919.

[240] Schick, Andreas, and Richard H. Steckel. "Height as a proxy for cognitive and non-cognitive ability. "No. w16570. National Bureau of Economic Research, 2010.

[241] Scholder, Stephanie von Hinke Kessler, et al. "Child height, health and human capital: evidence using genetic markers. " European Economic Review 57 (2013): 1-22.

[242] Schultz, T. Paul. "Wage gains associated with height as a form of health human capital. " American Economic Review 92. 2 (2002): 349-353.

[243] Shi, Huwenbo, Gleb Kichaev, and Bogdan Pasaniuc. "Contrasting the genetic architecture of 30 complex traits from summary association data. " The American Journal of Human Genetics 99. 1 (2016): 139-153.

[244] Shin, Su Hyun, Dean R. Lillard, and Jay Bhattacharya. "Understanding the correlation between Alzheimer's Disease polygenic risk, wealth, and the composition of wealth holdings. " Biodemography and Social Biology 65. 4 (2019): 323-350.

[245] Shlien, Adam, and David Malkin. "Copy number variations and cancer. " Genome Medicine 1. 6 (2009): 1-9.

[246] Skafidas, Efstratios, et al. "Predicting the diagnosis of autism spectrum disorder using

gene pathway analysis. " Molecular Psychiatry 19. 4 (2014): 504-510.

[247] Smith, George Davey, and Shah Ebrahim. "Mendelian randomization: prospects, potentials, and limitations. " International Journal of Epidemiology 33. 1 (2004): 30-42.

[248] Song, Zhaoli, et al. "Genetics, leadership position, and well-being: An investigation with a large-scale GWAS. " Proceedingsof the National Academy of Sciences 119. 12 (2022): e2114271119.

[249] Souilmi, Yassine, et al. "An ancient viral epidemic involving host coronavirus interacting genes more than 20, 000 years ago in East Asia. " Current Biology 31. 16 (2021): 3504-3514.

[250] Speed, Doug, et al. "Reevaluation of SNP heritability in complex human traits. " Nature Genetics 49. 7 (2017): 986-992.

[251] Stearns, Frank W. "One hundred years of pleiotropy: a retrospective. " Genetics 186. 3 (2010): 767-773.

[252] Steckel, Richard H. "Stature and the Standard of Living. " Journal of Economic Literature 33. 4 (1995): 1903-1940.

[253] Stock, James H. , and Francesco Trebbi. "Retrospectives: Who invented instrumental variable regression? . " Journal of Economic Perspectives 17. 3 (2003): 177-194.

[254] Strauss, John, and Duncan Thomas. "Health, nutrition, and economic development. " Journal of Economic Literature 36. 2 (1998): 766-817.

[255] Sudmant, Peter H. , et al. "An integrated map of structural variation in 2, 504 human genomes. " Nature 526. 7571 (2015): 75-81.

[256] Sun, Liangdan, Xuejun Zhang, and Lin He. "GWAS promotes precision medicine in China. " Journal of Genetics and Genomics 43. 8 (2016): 477-479.

[257] Talhelm, Thomas, et al. "Large-scale psychological differences within China explained by rice versus wheat agriculture. " Science 344. 6184 (2014): 603-608.

[258] Talhelm, Thomas, Xuemin Zhang, and Shigehiro Oishi. "Moving chairs in Starbucks: Observational studies find rice-wheat cultural differences in daily life in China. " Science Advances 4. 4 (2018): eaap8469.

[259] Taubman, Paul. "The determinants of earnings: Genetics, family, and other environments: A study of white male twins. " The American Economic Review 66. 5 (1976): 858-870.

[260] Taylor, Aaron B. , David P. MacKinnon, and Jenn-Yun Tein. "Tests of the three-path mediated effect. " Organizational Research Methods 11. 2 (2008): 241-269.

[261] Team, R. Core. "R: A language and environment for statistical computing. " Computer Science (2013): 201.

[262] Thomas, Duncan C. , and David V. Conti. "Commentary: the concept of ´Mendelian Randomization´. " International Journal of Epidemiology 33. 1 (2004): 21-25.

[263] Thomson, Robert, et al. "Relational mobility predicts social behaviors in 39 countries and is tied to historical farming and threat. " Proceedings of the National Academy of Sciences 115. 29 (2018): 7521-7526.

[264] Treiman, Donald J. "Industrialization and social stratification. " Sociological Inquiry 40. 2 (1970): 207-234.

[265] Tsing, A. , and L. Unruly Edges. "Mushrooms as Companion Species: For Donna Haraway. " Environmental Humanities 1 (2012): 141-154.

[266] Turley, Patrick, et al. "Multi-trait analysis of genome-wide association summary statistics using MTAG. " Nature Genetics 50. 2 (2018): 229-237.

[267] Unger, Jonathan. Education under Mao: Class and competition in Canton schools, 1960-1980. Columbia University Press, 1982.

[268] Van Kippersluis, Hans, and Cornelius A. Rietveld. "Pleiotropy-robust Mendelian randomization. " International Journal of Epidemiology 47. 4 (2018): 1279-1288.

[269] VanderWeele, Tyler J. , et al. "Methodological challenges in mendelian randomization. " Epidemiology (Cambridge, Mass.) 25. 3 (2014): 427.

[270] Visscher, Peter M. , William G. Hill, and Naomi R. Wray. "Heritability in the genomics era—concepts and misconceptions. " Nature Reviews Genetics 9. 4 (2008): 255-266.

[271] Von Hinke, Stephanie, et al. "Genetic markers as instrumental variables. " Journal of Health Economics 45 (2016): 131-148.

[272] Wainschtein, Pierrick, et al. "Assessing the contribution of rare variants to complex trait heritability from whole-genome sequence data. " Nature Genetics 54. 3 (2022): 263-273.

[273] Wald, Abraham. "The fitting of straight lines if both variables are subject to error. " The Annals of Mathematical Statistics 11. 3 (1940): 284-300.

[274] Wallace, Björn, et al. "Heritability of ultimatum game responder behavior. " Proceedings of the National Academy of Sciences 104. 40 (2007): 15631-15634.

［275］ Wang, Jun, et al. "What is creating the height premium? New evidence from a Mende-lian randomization analysis in China. " Plos One 15. 4 (2020): e0230555.

［276］ Wang, Meiyue, and Shizhong Xu. "Statistical power in genome – wide association studies and quantitative trait locus mapping. " Heredity 123. 3 (2019): 287–306.

［277］ Watson, James D. , and Francis HC Crick. "Genetical implications of the structure of deoxyribonucleic acid. " JAMA 269. 15 (1993): 1967–1969.

［278］ Weiling, Franz. "Historical study: Johann Gregor Mendel 1822 – 1884. " American Journal of Medical Genetics 40. 1 (1991): 1–25.

［279］ Wellcome Trust Case Control Consortium. "Genome–wide association study of 14, 000 cases of seven common diseases and 3, 000 shared controls. " Nature 447. 7145 (2007): 661–678.

［280］ Wen, Bo, et al. "Genetic evidence supports demic diffusion of Hanculture. " Nature 431. 7006 (2004): 302–305.

［281］ Willage, Barton. "The effect of weight on mental health: New evidence using genetic IVs. " Journal of Health Economics 57 (2018): 113–130.

［282］ Wood, Andrew R. , et al. "Defining the role of common variation in the genomic and bio-logical architecture of adult human height. " Nature Genetics 46. 11 (2014): 1173–1186.

［283］ Wray, Naomi R. , et al. "Complex trait prediction from genome data: contrasting EBV in livestock to PRS in humans: genomic prediction. " Genetics 211. 4 (2019): 1131–1141.

［284］ Wray, Naomi R. , et al. "Pitfalls of predicting complex traits from SNPs. " Nature Re-views Genetics 14. 7 (2013): 507–515.

［285］ Wray, Naomi R. , Michael E. Goddard, and Peter M. Visscher. "Prediction of individual genetic risk to disease from genome–wide association studies. " Genome Re-search 17. 10 (2007): 1520–1528.

［286］ Wray, Naomi R. , Shaun M. Purcell, and Peter M. Visscher. "Synthetic associations created by rare variants do not explain most GWAS results. " PLoS Biology 9. 1 (2011): e1000579.

［287］ Wright, Philip G. Tariff on animal and vegetable oils. Macmillan Company, New York, 1928.

［288］ Yamamura, Eiji, Russell Smyth, and Yan Zhang. "Decomposing the effect of height on income in China: The role of market and political channels. " Economics & Human Bi-ology 19 (2015): 62–74.

［289］ Yang, Jian, et al. "GCTA: a tool for genome-wide complex trait analysis. " The American Journal of Human Genetics 88. 1 （2011）: 76-82.

［290］ Yang, Jian, et al. "Genome-wide complex trait analysis （GCTA）: methods, data analyses, and interpretations. " Genome-wide association studies and genomic prediction. Humana Press, Totowa, NJ, 2013. 215-236.

［291］ Yang, Melinda A. , et al. "Ancient DNA indicates human population shifts and admixture in northern and southern China. " Science 369. 6501 （2020）: 282-288.

［292］ Yehuda, Rachel, and Amy Lehrner. "Intergenerational transmission of trauma effects: putative role of epigenetic mechanisms. " World Psychiatry 17. 3 （2018）: 243-257.

［293］ Yengo, Loic, et al. "Meta-analysis of genome-wide association studies for height and body mass index in ~700000 individuals of European ancestry. " Human Molecular Genetics 27. 20 （2018）: 3641-3649.

［294］ Zammit, Nathan W. , et al. "Denisovan, modern human and mouse TNFAIP3 alleles tune A20 phosphorylation and immunity. " Nature Immunology 20. 10 （2019）: 1299-1310.

［295］ Zeberg, Hugo, and Svante Pääbo. "A genomic region associated with protection against severe COVID-19 is inherited from Neandertals. " Proceedings of the National Academy of Sciences 118. 9 （2021）: e2026309118.

［296］ Zeberg, Hugo, and Svante Pääbo. "The major genetic risk factor for severe COVID-19 is inherited from Neanderthals. " Nature 587. 7835 （2020）: 610-612.

［297］ Zeberg, Hugo, Janet Kelso, and Svante Pääbo. " The Neandertal progesterone receptor. " Molecular Biology and Evolution 37. 9 （2020）: 2655-2660.

［298］ Zhang, Feng, et al. "Genetic studies of human diversity in East Asia. " Philosophical Transactions of the Royal Society B: Biological Sciences 362. 1482 （2007）: 987-996.

［299］ Zhang, Yongbiao, et al. "Nucleotide polymorphism of the TNF gene cluster in six Chinese populations. " Journal of Human Genetics 55. 6 （2010）: 350-357.

［300］ Zhu, Chen, et al. "Alcohol use and depression: a Mendelian randomization study from China. " Frontiers in genetics 11 （2020）: 585351.

［301］ Zhu, Chen, et al. "Hybrid marriages and phenotypic heterosis in offspring: evidence from China. " Economics & Human Biology 29 （2018）: 102-114.

［302］ Zhu, Chen, et al. "Relationship between rice farming and polygenic scores potentially linked to agriculture in China. " Royal Society Open Science 8. 8 （2021）: 210382.

［303］ Zhu, Chen. "Demand for Direct-to-Consumer Genetic Testing Services in China and

Its Implications for Precision Public Health -- China, 2021. " China CDC Weekly (2022).

[304] Zhu, Zhihong, et al. "Integration of summary data from GWAS and eQTL studies predicts complex trait gene targets. " Nature Genetics 48. 5 (2016): 481-487.